(개정판)

신방수 세무사의

확 바뀐 부동산 매매사업자

세무 가이드북

실전 편

부동산 매매사업자가 세금을 환급받는 비법은 무엇일까?

신방수 세무사의

확 바뀐

개정판

부동산

매매사업자

세무 가이드북

실전 편

신방수 지음

매일경제신문사

머리말

　최근 새 정부에서 부동산 세제를 상당 부분 손질했지만, 기대만큼 완화되지는 못하고 있다. 이러다 보니 마음 놓고 투자하는 것이 쉽지 않은 것이 작금의 현실이다. 이러한 세제의 불안정성은 부동산 경매 업계까지 불똥이 튀고 있다. 힘들게 낙찰에 성공하더라도 과중한 세금이 기다리고 있기 때문이다. 실제 취득세는 물론이고, 보유나 임대, 그리고 처분하는 단계에서도 세금이 줄줄이 발생해 수익률을 떨어뜨리고 있는 것이 현실이다. 그 결과 수익률이 70% 이상 떨어지는 예도 있어 세금 관리에 초비상이 걸리고 있다.

　이 책은 이러한 배경 아래 주로 일반인들이 경매나 매매 등을 통해 투자할 때 발생하는 다양한 세금 문제를 해결하기 위해 집필되었다. 실제 경매에 참여하면서 내는 취득세부터 이를 처분할 때까지 발생하는 세금은 매우 다양하지만 이에 대한 가이드북이 없고, 또한 부동산 매매업 등에 대한 최신 세무 정보에 목말라 하는 층도 점점 증가해 자연스럽게 이 책을 펴낼 수밖에 없었다.

　그렇다면 이 책《확 바뀐 부동산 매매사업자 세무 가이드북(실전편)》은 어떤 점들이 뛰어날까?

첫째, 부동산 투자에 꼭 필요한 세무 문제를 모두 다루었다.

이 책은 총 9장과 부록으로 구성되었다. 1장과 2장은 경매 투자자의 관점에서 취득세와 보유세 그리고 임대소득세와 양도소득세를 살펴보고, 수익률에 직접 관련된 양도소득세 절세방법을 별도로 정리했다. 이후 3장부터 8장까지는 부동산 매매업에 대한 장단점은 물론이고, 주택이나 토지 등에 대한 매매업에 대한 신고 방법을 정리했다. 한편 9장에서는 매매사업자의 거주 주택에 대한 비과세 적용법 등을 심도 있게 다루었다. 이외에도 부록에서는 개인과 법인의 세제 비교를 통해 본인에 맞는 사업자 유형을 선택할 수 있게 했다.

- 제1장. 경매(매매) 세금의 기초
- 제2장. 실전 경매 부동산의 양도소득세 절세법
- 제3장. 부동산 매매업의 장점과 단점
- 제4장. 부동산 매매업의 세제에 대한 기초상식
- 제5장. 부동산 매매업과 사업자등록 그리고 각종 세금신고법
- 제6장. 실전 부동산 매매업 종합소득세 신고요령
- 제7장. 사업자의 장부처리법(장부 미작성에 따른 경비율 적용법 포함)
- 제8장. 부동산 매매업과 재무제표의 중요성
- 제9장. 매매사업자의 거주 주택에 대한 비과세 적용법
- 부록. 개인 대 매매사업자 대 법인의 선택

둘째, 실전에 필요한 다양한 사례를 들어 문제해결을 쉽게 하도록 했다.

모름지기 책은 정보를 단순하게 나열하는 것보다는 입체적으로 전

달하는 것이 훨씬 값어치가 있을 것이다. 이러한 관점에 따라 이 책의 모든 부분을 '기본 사례 → 핵심 포인트 → 실전 연습'의 형태로 집필했다. 장마다 제시된 '기본 사례'는 실무에서 아주 중요하게 다루어지는 내용들로, 문제해결을 어떤 식으로 하는지 이에 대한 방법을 제시하고 있다. 저자 등이 현장에서 문제를 어떻게 해결하는지를 지켜보는 것만으로도 이와 유사한 세무 문제를 손쉽게 해결할 수 있을 것이다. 특히 부동산 매매업에 대한 세무 원리를 국내에 처음으로 소개한 저자가 수년간 현장에서 경험한 바를 그대로 싣고 있어 실무서로서 손색이 없을 것이다. 한편 '핵심 포인트'는 부동산업 세무 관리에서 좀 더 세련된 업무 처리를 위해 알아야 할 지식을 넣었고, '실전 연습'은 그 이전단계에서 공부한 내용들을 실전에 적용하는 과정을 그리고 있다. 그리고 실무적으로 더 알아두면 유용할 정보들은 Tip이나 심층분석 등의 란을 신설해 정보의 가치를 더했다. 또한 곳곳에 요약된 핵심 정보를 정리해 실무 적용 시 적응력을 높이기 위해 노력했다.

셋째, 부동산 사업의 절세전략 수립을 위해 필요한 최신의 정보를 모두 다루었다.

이 책은 주로 부동산 경매 및 일반 투자자들의 관점에서 그들이 맞닥뜨리는 다양한 세금 문제를 폭넓게 다루고 있다. 특히 주택의 경우 양도소득세 중과세제도가 한시적으로 폐지되면 매매사업의 실익이 높아지므로 이에 따른 세무 문제를 비중 있게 다루었다. 현재 중과 대상 주택은 종합소득세와 양도소득세 중 많은 세액을 산출세액으로 내고 있지만, 이 제도가 적용되지 않으면 6~45%의 세율로 종합소득세를 내면 그뿐이기 때문이다. 이러한 이유로 실제 중과세제도가 한시적 또는 영구적으로 폐지되면, 이에 대한 사업자등록이 많아질 것으로 보인다. 하지만 사업자등록을 냈더라도 후속 관리에 실패하면 세무 리스크가 증가하게 된다는 점에 유의해야 한다. 특히 매매사업성을 인정받지 못하면 종합소득세가 아닌, 양도소득세가 부과된다는 점 등이 그렇다. 이 책은 이러한 리스크를 없애기 위해 매매사업성을 인정받는 방법 등을 다양하게 제시하고 있다.

이번에 개정판으로 나온 이 책은 종전의 《부동산 매매·임대사업자 세무 가이드북(실전 편)》 중 매매업에 꼭 필요한 내용만을 엄선해 실무에서 바로 적용할 수 있도록 본문 대부분을 사례로 엮어 일반인도 쉽게 이해할 수 있도록 했다. 물론 그래도 이해하기 힘들 수 있는데, 이때는 저자가 운영하는 네이버 카페(신방수세무아카데미)를 통해 궁금증을 해소하기 바란다. 이곳에서는 실시간 세무상담은 물론이고, 최신의 세무 정보, 그리고 세금계산기 등도 장착되어 있어 활용도가 높을 것이다.

아무쪼록 이 책이 부동산 매매업의 세무에 대해 능통하고자 하는 분들에게 작은 도움이라도 되었으면 한다.

독자들의 건승을 기원한다.

역삼동 사무실에서
세무사 신방수

차례

머리말 4

일러두기 12

제1장 경매(매매) 세금의 기초

1. 경매 세금과 수익률	16
2. 경매와 취득세 절세법	22
3. 경매와 보유세 절세법	30
4. 경매와 임대소득세 절세법	34
5. 경매와 양도소득세 절세법(비과세를 받는 경우)	38
6. 경매와 양도소득세 절세법(과세가 되는 경우)	43
심층분석 NPL 투자와 과세방식	49

제2장 실전 경매 부동산의 양도소득세 절세법

1. 수익률을 결정하는 양도세 구조부터 확인하라	54
2. 필요경비를 활용하라	58
3. 합산과세의 위험성을 정복하라	68
4. 양도세 중과세를 정복하라	73
5. 부동산 양도 시에는 부가가치세를 정복하라	78
6. 부동산 매매업에 정통하라	83
심층분석 양도세 중과세 폐지에 따른 그 영향	89

제3장 **부동산 매매업의 장점과 단점**

1. 부동산 매매업은 무엇을 의미할까?   94

2. 부동산 매매업의 장점   100

3. 부동산 매매업의 단점   105

심층분석 1 사업소득과 양도소득의 구분   110

심층분석 2 부동산 매매업 세금 어떻게 관리해야 할까?   117

제4장 **부동산 매매업의 세제에 대한 기초상식**

1. 부동산 매매업과 세금체계   122

2. 부동산 매매사업자의 부동산 양도에 따른 쟁점들   126

3. 부동산 매매사업자의 비교과세제도에 관한 모든 것   131

4. 양도세율 적용법과 비교과세의 관계   137

5. 양도세 중과세 판단과 비교과세제도의 관계   141

심층분석 1 부동산 매매업 소득세 신고 방법   146

심층분석 2 종합과세와 분류과세의 이해   149

제5장 부동산 매매업과 사업자등록 그리고 각종 세금신고법

1. 부동산 매매업의 부가가치세 과세 및 면세 판단   156

2. 부동산 매매업 사업자등록 신청하기   163

3. 사업장현황신고(면세사업자)   173

4. 부가가치세신고(일반과세자)   177

5. 종합소득세 신고(모든 매매사업자)   182

제6장 실전 부동산 매매업 종합소득세 신고요령

1. 주택 매매차익 예정신고와 확정신고(비교과세 대상이 아닌 경우)   194

2. 주택 매매차익 예정신고와 확정신고(비교과세가 적용되는 경우)   201

3. 토지 매매차익 예정신고와 종합소득세 신고   208

4. 건물(상가, 오피스텔) 신축 매매업과 매매차익 신고   214

심층분석 주택 매매업 종합소득세 절세포인트   219

제7장 사업자의 장부처리법 (장부 미작성에 따른 경비율 적용법 포함)

1. 장부의 종류와 작성 의무   226

2. 장부 작성 시 필요경비처리법   232

3. 장부 미작성 시 소득금액 파악법(단순경비율 대 기준경비율)   239

4. 실전 종합소득세 신고(종합)   246

심층분석 부동산업 관련 단순경비율과 기준경비율 적용법   251

제8장 **부동산 매매업과 재무제표의 중요성**

1. 부동산과 재무상태표 260
2. 부동산과 손익계산서 266
3. 재고자산(부동산 매매업, 주택 신축판매업)과 재무제표 273
4. 유형자산(부동산 임대업)과 재무제표 280
심층분석 사업자의 부동산 거래와 재무제표의 변화 287

제9장 **매매사업자의 거주 주택에 대한 비과세 적용법**

1. 매매사업자의 보유 주택 수와 세무상 쟁점들 292
2. 사업자의 거주 주택은 어떤 조건하에 비과세가 적용되는가? 294
3. 매매사업자의 거주 주택도 최종 1주택 비과세 보유기간이 재계산되는가? 299
4. 85㎡ 초과 주택을 양도소득으로 신고하면 이를 인정할까? 303
5. 매매업을 폐지하거나 사업용 주택을 거주 주택으로 전환한 경우의 과세방식 308

부록 **개인 대 매매사업자 대 법인의 선택**

1. 양도소득 대 종합소득 대 법인소득의 장단점 비교 316
2. 주택 매매업의 개인 대 법인의 선택 320
3. 토지 매매업의 개인 대 법인의 선택 325

· 일러두기 ·

이 책을 읽을 때는 다음 사항에 주의하시기 바랍니다.

1. 개정세법의 확인

이 책은 2024년 5월에 적용되고 있는 세법을 기준으로 집필되었습니다. 실무에 적용 시에는 그 당시에 적용되는 세법을 확인하는 것이 좋습니다. 세법개정이 수시로 일어나기 때문입니다. 저자의 카페나 전문 세무사의 확인을 받도록 하시기 바랍니다.

2. 용어의 사용

- 소득세법 시행령 → 소령
- 조세특례제한법(시행령) → 조특법(조특령)
- 상속세 및 증여세법 → 상증법
- 종합부동산세 → 종부세
- 양도소득세 → 양도세

3. 조정대상지역 등에 대한 정보

- 조정대상지역(조정지역), 투기과열지구 등에 대한 지정 및 해제정보는 '대한민국 전자관보' 홈페이지에서 확인할 수 있습니다.
- 정부의 부동산 대책에 대한 정보는 '국토교통부', 세제 정책은 '기획재정부와 행정안전부'의 홈페이지에서 알 수 있습니다.
- 개정세법 및 개정법률 등은 '국회(법률)', '정부입법지원센터(시행령)', 일반 법률은 '법제처'의 홈페이지에서 검색할 수 있습니다.

4. 책에 대한 문의 및 세무상담 등

책 표지 안 날개 하단을 참조하시기 바랍니다.

제 1 장

경매(매매) 세금의 기초

경매 세금과 수익률

부동산 경매는 임대수익이나 시세차익을 얻을 수 있는 대표적인 재테크 수단에 해당한다. 그런데 문제는 경매의 시작부터 끝까지 세금이 관여하다 보니 이를 이해하지 않고서는 소기의 목적을 달성할 수 없다는 것이다. 따라서 성공적인 경매를 위해서는 세금에 관한 기본 지식부터 쌓을 필요가 있다.

❶ 기본 사례

서울에 거주하는 K씨는 회사원으로서 최근 부업으로 임대소득을 얻는 것을 목표로 삼았다. 그런데 그를 가로막는 것이 있었으니 바로 세금이었다. K씨는 특히 최근에 강화된 세금 때문에 걱정이 상당히 많았다. 그래서 이번에 마음을 먹고 세금 공부부터 해보기로 했다.

투자자로 들어선 K씨는 앞으로 어떤 세금 문제에 부닥치게 될까?

일반적으로 경매 등을 통해 부동산을 취득하면 취득세, 보유하게 되면 보유세나 임대소득세 같은 세금들을 부담하게 되고, 이를 처분하면 양도소득세(양도세) 같은 세금을 내야 한다. 그런데 이러한 세금 모두가 수익을 갉아먹기 때문에 미리 이에 대한 대처방안을 가지고 임하는 것이 좋다. 따라서 원하는 수익률을 달성하기 위해서는 이 세금 문제를 정확히 진단하고, 그에 맞는 솔루션(해법)을 가지고 있어야 한다. 일반적으로 부동산 거래 과정을 통해 개인들이 맞닥뜨리는 세금들은 다음과 같다.

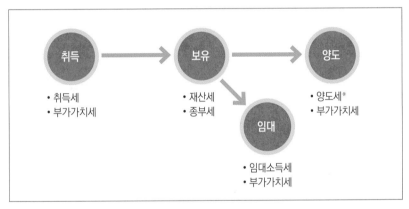

* 만일 부동산을 전문적으로 매매하는 경우에는 부동산 매매업으로 분류되어 이때는 양도세가 아닌 사업소득세(법인은 법인세)가 부과된다. 이러한 소득 구분에 따라 세금의 종류가 달라지고, 그에 따라 세금의 크기가 달라지므로 소득의 속성을 정확히 파악하는 것이 중요하다.

2 핵심 포인트

부동산을 임대하거나 양도하면 소득이 발생하는데, 이때는 항상 세금이 개입된다. 이 중 양도세는 이의 수익률을 떨어뜨리는 역할을 하므로 이 부분을 중점적으로 살펴볼 필요가 있다. 정리하면 다음과 같다.

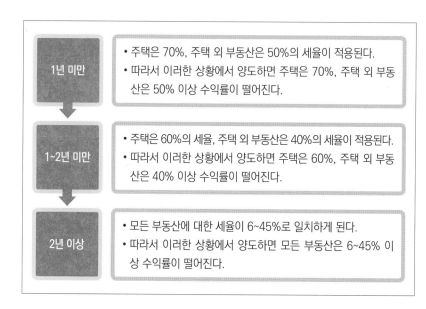

1년 미만	• 주택은 70%, 주택 외 부동산은 50%의 세율이 적용된다. • 따라서 이러한 상황에서 양도하면 주택은 70%, 주택 외 부동산은 50% 이상 수익률이 떨어진다.
1~2년 미만	• 주택은 60%의 세율, 주택 외 부동산은 40%의 세율이 적용된다. • 따라서 이러한 상황에서 양도하면 주택은 60%, 주택 외 부동산은 40% 이상 수익률이 떨어진다.
2년 이상	• 모든 부동산에 대한 세율이 6~45%로 일치하게 된다. • 따라서 이러한 상황에서 양도하면 모든 부동산은 6~45% 이상 수익률이 떨어진다.

☞ 경매를 통해 취득한 부동산을 단기에 처분하는 경우에는 높은 세율이 적용되어 수익률이 50~70% 이상 떨어질 수 있다. 따라서 투자자들은 보유기간에 따른 절세전략을 다양하게 분석할 필요가 있다. 다만, 중과세가 적용되는 주택과 토지에 대해서는 6~45%+10~30%p가 적용될 수 있다. 이외에도 취득세와 보유세에도 중과세가 작동되고 있어 모든 세금에 능통해야 한다(최근 새 정부는 양도세 중과세 한시적 폐지 등을 확정했는데 이에 대해서는 21페이지를 참조하기 바란다. 참고로 기타의 세제개편에 대해서는 별도로 확인해야 한다).

3 실전 연습

K씨는 다음과 같이 주택을 경매로 취득해 임대하고 있다. 물음에 답하면?

- 낙찰가격 : 2억 원
- 경매부대비용(취득세 등) : 1,000만 원
- 리모델링비 : 1,000만 원
- 차입금 : 1.5억 원(이자율 4%)
- 월세 : 100만 원
- 재산세 등 : 100만 원

Q1 K씨의 총투자금액과 순투자금액은 얼마인가?

K씨의 투자금액은 '낙찰가격+경매부대비용+리모델링비'의 합계액이 된다. 따라서 총 2억 2,000만 원이 총투자금액이 되며, 이 중 1.5억 원은 차입금액이므로 순투자금액은 7,000만 원이 된다.

Q2 K씨의 연간 순소득은 얼마인가?

순소득은 수입에서 비용을 차감한 금액을 말한다. 수입은 연간 1,200만 원이고, 비용은 이자비용(1.5억 원 × 4% = 600만 원)과 재산세 등을 합해 700만 원이므로 연간 순소득은 500만 원이 된다.

Q3 K씨의 순투자금액 대비 순이익에 대한 세전수익률은 얼마인가?

총투자금액이 2.2억 원이나 차입금을 제외한 순투자금액은 7,000만 원이므로, 순소득 500만 원을 이 투자금액으로 나누면 수익률 7.1%가 나온다.

Q4 앞의 7.1%의 세전수익률은 적정한가?

일반적으로 세전 수익률이 5% 이상이면 적정하다고 본다. 다만, 여기에 세금이 개입되는 경우에는 수익률이 떨어질 수 있으므로, 이러한 부분까지 고려해 분석하는 것이 좋을 것으로 보인다.

주택을 일반적인 취득 방법인 유상으로 취득한 경우와 경매로 취득한 경우의 세제 차이점을 비교하면 다음과 같다.

구분	일반 취득	경매 취득
취득세	• 취득세율 : 주택 1~12% • 과세표준 : 실지거래가액	• 좌동 • 낙찰가격(원칙)
보유세	• 재산세와 종부세	• 좌동
임대소득세	• 주택 임대소득 2,000만 원 이하 : 분리과세 • 주택 임대소득 2,000만 원 초과 : 종합과세	• 좌동 • 좌동
양도세*	• 비과세(1세대 1주택 등) • 중과세(주택, 비사업용 토지) • 1년 2회 이상 양도 시 : 합산과세 원칙 • 사업성이 인정되는 경우 매매업으로 분류	• 좌동 • 좌동 • 좌동 • 좌동

* 개인이 양도한 경우라도 매매업으로 인정되거나 매매업으로 되어 있더라도 양도로 인정되는 경우가 있다. 이렇게 되면 세무 위험이 증가되어 많은 세금이 추징될 수 있다.

TIP 경매와 2020년 7·10대책 및 새 정부의 출현에 따른 세제의 변화

2020년 7·10대책에 따라 주택거래에 대한 세제가 크게 강화되었다. 경매 투자자도 이러한 세금을 접하는 만큼 모든 세목에 대한 세무처리를 잘 할 수 있어야 한다.

구분	실수요자	투자 수요자
세제 기조	일반과세 또는 비과세	중과세
취득세	1주택 및 일시적 2주택 : 1~3%	좌 외 2주택 이상 : 8~12%
종부세	2주택 등* : 0.5~2.7%	3주택 이상** : 2.0~5.0%
양도세	1주택 및 일시적 2주택 : 비과세 (고가주택은 일부 과세)	2주택 이상 : 기본세율+20~30%p

* 3주택 이상자 중 과세표준 12억 원 이하 포함함(기준시가 기준 24억 원 선).
** 3주택 이상자 중 과세표준 12억 원 초과분에 한해 중과세 적용됨(기준시가 기준 24억 원 선).

앞의 표를 보면 주로 1세대 1주택자인 실수요자들은 취득세부터 양도세까지 일반과세 또는 비과세를 적용받고 있다. 하지만 다주택자들의 경우 대부분 중과세를 적용받고 있다. 이는 전 정부의 세제에 대한 기조가 다주택을 억제하는 것이라는 것을 알 수 있다. 이렇게 하면 실수요자들이 주택을 취득할 기회가 커질 가능성이 있을 것이다. 이러한 기조는 2022년 5월, 새 정부의 출현으로 이에 관한 내용이 다소 바뀔 가능성이 크다. 아니나 다를까 2022년 5월 10일 새 정부는 양도세제도 중 몇 가지를 아래처럼 개정했다. 이날 이후 양도(잔금청산 등)분부터 적용된다.

첫째, 주택에 한해 양도세 중과세제도가 폐지되었다. 다만, 모든 주택이 아니라 '2년' 이상 보유한 주택에 한정하며, 폐지기간은 2022년 5월 10일부터 2025년 5월 9일까지다.

둘째, 조정대상지역 내의 일시적 2주택 비과세 요건이 변경되었다. 이 지역 내에서 갈아타기를 하기 위해서는 원칙적으로 1년 내에 종전주택을 양도하고 신규주택으로 전입해야 했으나, 종전주택의 처분기한이 '2년*'으로 연장되는 한편, 신규주택으로의 전입의무가 폐지되었다.

셋째, 보유기간 리셋제도가 삭제되었다. 다주택자가 주택을 처분(양도, 증여, 용도변경)한 경우 1세대 1주택 비과세 요건 중 2년 보유는 '최종 1주택'만 보유한 날로부터 기산하도록 했지만 이 제도가 삭제되었다. 따라서 앞으로 다주택자들은 주택 수 조절을 통해 자유롭게 비과세 혜택을 누릴 수 있게 되었다.

한편 2022년 12월 21일에 정부에서 발표한 부동산 세제 완화안은 2024년 5월 현재 국회의 벽을 넘지 못했다. 이 안에는 취득세 중과세율(8~12%)을 4~6%로 하는 내용도 담겨 있는데, 이 안이 통과되면 매매사업이 더욱더 활성화될 것으로 보인다(부동산 세제 완화안은 저자의 《2024 확 바뀐 부동산 세금 완전 분석》을 참조하기 바란다).

---

* 2023년 1월 12일 이후부터 모든 세목(취득세, 종부세, 양도세)에 대한 일시적 2주택 처분기한이 3년으로 통일되었다.

경매와 취득세 절세법

경매 수익률을 높이기 위해서는 취득세부터 세부적으로 살펴볼 필요가 있다. 최근에 다주택자를 대상으로 중과세제도가 도입되었기 때문이다. 참고로 경매의 경우 취득세 과세표준을 어떤 식으로 정하는지에 대해서도 살펴보자.

① 기본 사례

K씨는 이번에 경매를 통해 거주 주택을 마련하려고 한다. 이 주택의 시가는 4억 원, 시가표준액(기준시가)은 3억 원 정도가 된다. 물음에 답하면?

Q1 K씨가 시가 4억 원짜리 주택을 유상으로 취득하는 경우 취득세는 얼마가 되는가? 단, 이 주택의 취득세율 등은 1.1%라고 한다.

주택을 일반적인 취득 방법으로 취득한 경우에는 취득가액에 취득세율을 곱해 취득세를 계산한다. 따라서 취득세 등은 440만 원이 된다. 취득세율 1%에 0.1%가 추가된 것은 지방교육세가 부과되었기 때문이다(전용면적 85㎡ 초과 주택은 1.3%).

Q2 만일 앞의 주택을 3억 원에 낙찰받은 경우 취득세는 얼마가 되는가? 단, 이 주택의 취득세율 등은 1.1%라고 한다.

경매로 취득한 주택의 경우에는 낙찰가격에 1.1%를 곱해 계산하므로 이 경우에는 330만 원이 된다. 여기에서 낙찰가격은 실제 경매 참여자가 부담한 금액을 말한다.

Q3 앞의 주택에 대해 중과세가 적용되는 경우는 언제인가?

다주택자(1세대가 보유한 주택을 합산)가 주택을 추가 취득하면 중과세율이 적용된다.

Q4 다주택자라고 하더라도 취득세 중과세가 적용되지 않는 경우는?

시가표준액(기준시가) 1억 원 이하의 주택은 중과세가 아닌 1%의 취득세율이 적용된다.

2 핵심 포인트

경매로 부동산을 취득하면 다른 부동산과 마찬가지로 취득세 등을 내게 된다. 경매는 낙찰가격을 기준으로 다음과 같은 세율(농특세율 등 포함)이 적용되고 있다.

구분	과세표준	세율
주택	낙찰가격*	• 일반세율 : 1.1~3.5% • 중과세율 : 8.4~13.4%
상가	상동	4.6%
토지	상동	4.6%(농지는 3.4%)

* 낙찰가격 : 경쟁 입찰 등에서 최종적으로 낙찰한 자의 입찰가격을 말한다.

※ 취득세 절세법

- 취득세 과세표준의 범위에 대해 확인한다(부가가치세가 발생한 경우에는 이를 제외한다).
- 취득한 부동산에 대한 취득세 등의 세율을 확인한다. 2020년 8월 12일부터 다주택자에 대해 취득세 중과세(8~12%)가 적용되므로 특히 이에 유의해야 한다. 참고로 취득세 중과세율은 2024년 중에 개정될 가능성도 열려 있으니 참고하기 바란다(이하에서는 이에 대해 별도로 언급하지 않는다).
- 취득세 납부기한(취득일로부터 60일 내)에 유의한다.

③ 실전 연습

앞의 사례에서 K씨가 당해 주택을 2억 원에 낙찰받은 경우 취득세는 얼마가 되는가? 단, 취득세율 등은 1.1%라고 한다.

앞의 물음에 순차적으로 답을 찾아보자.

STEP 1 쟁점은?

이 상황은 시가표준액(기준시가) 3억 원보다 낙찰가격(2억 원)이 더 낮음을 보여주고 있다. 따라서 시가표준액보다 낮은 낙찰가격을 기준으로 취득세를 낼 수 있는지가 쟁점이 된다. 앞의 상황을 표로 정리하면 다음과 같다.

구분	금액	취득세
시가표준액	3억 원	330만 원
낙찰가격	2억 원	220만 원

STEP 2 세법 규정은?

2022년부터 취득세 과세표준이 대폭 개정되었는데, 이의 내용부터 살펴보자(2023년 시행).

- 개정 지방세법 제10조(과세표준)

  취득세의 과세표준은 취득 당시의 가액으로 한다.

- 개정 지방세법 제10조의3(유상승계취득의 경우 과세표준)

① 부동산 등을 유상거래(매매 또는 교환 등 취득에 대한 대가를 지급하는 거래를 말한다)로 승계취득하는 경우 취득 당시가액은 취득시기 이전에 해당 물건을 취득하기 위하여 거래 상대방이나 제3자에게 지급하였거나 지급하여야 할 일체의 비용으로서 대통령령으로 정하는 사실상의 취득가격*으로 한다(2021. 12. 28 신설).

  * 이에는 중개보수료 등이 포함되나 부가가치세는 제외된다.

이의 내용으로 보건대 경매도 유상거래에 해당하므로 이 경우 낙찰받은 가격에 대해 취득세가 부과된다.

STEP 3 결론은?

개정된 지방세법에 의하면 K씨의 경우 실제 취득가액인 2억 원을 기준으로 취득세를 내게 된다.

※ 경매의 취득세 과세표준

경매로 부동산을 취득한 경우 과세표준은 낙찰가격을 기준으로 한다. 이때 인수한 대항력을 갖춘 전세보증금도 과세표준에 포함하므로 이를 누락하지 않도록 한다. 누락해 신고한 경우에는 과소신고가산세(10%)가 부과될 수 있다.

💡 TIP 부동산 취득 관련 총세율

부동산을 취득하면 기본적으로 취득세와 그에 부과되는 농어촌특별세·지방교육세 등이 발생한다. 이하에서 이들에 대한 세율구조를 정리해보자.

1. 취득세 세율

1) 표준세율

지방세법 제11조에서는 취득세 표준세율을 다음과 같이 정하고 있다.

구분	취득세율
1. 상속으로 인한 취득	가. 농지 : 2.3% 나. 농지 외의 것 : 2.8%
2. 제1호 외의 무상취득	3.5%
3. 원시취득	2.8%
4. 삭제	
5. 공유물의 분할	2.3%
6. 합유물 및 총유물의 분할로 인한 취득	2.3%
7. 그 밖의 원인으로 인한 취득	가. 농지 : 3% 나. 농지 외의 것 : 4%*

* 일반적인 취득세율에 해당함.

단, 앞의 제7호 나목에도 불구하고 유상거래를 원인으로 취득 당시의 가액이 6억 원 이하인 주택을 취득하는 경우에는 1%, 6억 원 초과 9억 원 이하의 주택을 취득하는 경우에는 일정한 산식*, 9억 원 초과 주택을 취득하는 경우에는 3%의 세율을 각각 적용한다.

* 이는 아래를 말한다.

$$(\text{해당 주택의 취득 당시가액} \times \frac{2}{3\text{억 원}} - 3) \times \frac{1}{100}$$

2) 중과세율

지방세법 제13조의2에서는 다주택자 및 법인이 주택을 취득한 경우 취득세를 중과세하고 있다.

	개인		법인
1주택 (일시적 2주택 포함)	주택 가액에 따라 1~3%		12% (시가표준액 1억 원 이하, 사원용 주택 등은 제외)
2주택	조정지역 8%	비조정지역 1~3%	
3주택	조정지역 12%	비조정지역 8%	
4주택 이상		비조정지역 12%	

2. 농어촌특별세 세율

농어촌특별세법 제5조 제1항에서는 부동산 관련 농어촌특별세 세율을 다음과 같이 정하고 있다. 참고로 국민주택 규모에 대한 농어촌특별세는 비과세된다. 따라서 다음은 농어촌특별세가 부과되는 경우를 말한다.

호별	과세표준	세율
1	지방세법 등에 따라 감면을 받은 취득세 또는 등록에 대한 등록면허세의 감면세액 ☞ 취득세를 4%에서 2%로 감면하면 다음과 같이 농어촌특별세율이 추가된다. • 2%(감면세율)×20%(농어촌특별세율)=0.4%	20%
6	지방세법 제11조(위의 1의 내용) 등에서 규정한 표준세율을 100분의 2로 적용해 지방세법 등에 따라 산출한 취득세액 ☞ 이 규정은 지방세법 제11조 상의 항목들에 대해 다음과 같이 농어촌특별세액을 부과함을 의미한다.	10%

호별	과세표준	세율
6	• 2%(취득세 표준세율)×10%(농어촌특별세율)=0.2% • 취득세 중과세가 적용되는 경우 : － 취득세 8% : 0.2%+(8%-4%)×10%=0.6% － 취득세 12% : 0.2%+(12%-4%)×10%=1.0%	10%
8	종부세액 ☞ 종부세액으로 산출된 세액의 20%를 말한다.	20%

☞ 만일 전용면적 85㎡ 초과 주택을 2억 원에 취득한 경우 취득세는 200만 원(1%), 농어촌특별세는 40만 원(0.2%)이 된다.

3. 지방교육세 세율

지방세의 한 항목인 지방교육세 세율은 다음과 같이 적용된다.

• 유상으로 취득하는 주택 중 표준세율 적용분 : 해당 세율 1~3%에 100의 50을 곱한 세율을 적용해 산출한 금액×20%
• 유상으로 취득하는 주택 중 중과세율 적용분 : 0.4%
• 앞의 주택 외 부동산 : 취득물건에 대한 과세표준에 지방세법 제11조 제1항 제1호부터 제7호까지의 세율에서 1천분의 20을 뺀 세율을 적용해 산출한 금액×20%

• 적용 사례 •

K씨가 국민주택 규모의 주택과 이를 초과하는 주택을 취득한 경우 취득 관련 세금은 얼마일까? 국민주택 규모의 주택은 5억 원, 국민주택 규모 초과 주택은 10억 원이다.

1. 표준세율

① 세율

구분	취득세	지방교육세	농어촌특별세	합계
국민주택 규모 주택	1%	0.1%	－	1.1%
국민주택 규모 초과 주택	3%	0.3%	0.2%	3.5%

② 금액

구분	취득가액	총취득 관련 세율	총세금
국민주택 규모 주택	5억 원	1.1%	550만 원
국민주택 규모 초과 주택	10억 원	3.5%	3,500만 원

2. 중과세율(12%의 경우)

① 세율

구분	취득세	지방교육세	농어촌특별세	합계
국민주택 규모 주택	12%	0.4%	–	12.4%
국민주택 규모 초과 주택	12%	0.4%	1.0%	13.4%

② 금액

구분	취득가액	총취득 관련 세율	총세금
국민주택 규모 주택	5억 원	12.4%	6,200만 원
국민주택 규모 초과 주택	10억 원	13.4%	1억 3,400만 원

⚡ TIP 신고 및 납부방법

취득세는 취득시기로부터 60일(상속은 6개월, 외국인은 9개월) 내에 원칙적으로 신고한 가액을 기준으로 신고 및 납부해야 한다. 만일 제날짜에 신고·납부하지 않은 경우 미납세액의 20%가 가산세로 부과된다. 여기서 '취득시기'란 통상 그 계약상의 잔금지급일(계약상 잔금지급일이 명시되지 아니한 경우에는 계약일로부터 30일이 경과되는 날)을 말한다.

경매와 보유세 절세법

2020년 7·10대책에 따라 2021년 6월 1일부터 보유세 중 종부세가 큰 폭으로 증가했다. 하지만 2022년 5월에 등장한 새 정부에서는 종부세를 대폭 인하해 앞으로 이에 대한 부담이 그렇게 크지 않을 것으로 보인다. 물론 고가의 다주택을 보유한 경우에는 그렇지 않을 것이다. 따라서 향후에도 일부 다주택자와 법인들에 종부세가 집중될 것으로 예상되는 가운데, 이들이 주택을 줄이려고 조처할 것인지가 주요 관심사가 될 것으로 보인다. 이하에서는 경매와 관련된 보유세 과세문제를 알아보자.

1 기본 사례

K씨는 현재 경매 등을 통해 다음과 같이 주택을 보유하고 있다. 물음에 답하면?

- 서울 1주택(기준시가 9억 원)
- 지방 2주택(기준시가 합계 3억 원)

Q1 보유세는 언제 부과되는가?

보유세는 지방세인 재산세와 국세인 종합부동산세(종부세)를 말하는데, 이 둘의 부과기준일은 매년 6월 1일이 된다.

Q2 앞의 주택을 K씨가 모두 보유하고 있다면 종부세 중과세 대상 인가?

현행 종부세법에서는 한 개인이 전국에 3채 이상을 보유하고 있다면 이에 대해서는 2.0~5.0%의 중과세율을 적용한다. 하지만 3주택 이상자 중 과세표준이 12억 원* 이하이면 일반세율(0.5~2.7%)이 적용된다.

* 이를 기준시가로 환산하면 대략 24억 원[(기준시가-9억 원)x80%(공정시장가액비율)=12억 원]이 된다.

Q3 앞의 주택에 대한 종부세 공제금액은?

종부세는 개인별로 9억 원을 공제한다. 다만, 1세대 1주택을 단독명의로 보유한 경우에는 3억 원을 추가해 12억 원을 공제한다(공동명의는 18억 원). 한편 법인에 대해서는 이러한 공제를 적용하지 않는다.

Q4 앞의 주택에 대한 종부세 산출세액은 얼마나 될까? 공정시장가 액비율은 편의상 100%, 세율은 0.5%를 적용한다.

기준시가의 합계가 12억 원이고 여기에서 9억 원을 공제한 과세표준이 3억 원이고 이에 0.5%를 곱하면 종부세 산출세액은 150만 원이 나온다.

2 핵심 포인트

개인과 법인에 대한 종부세 과세방식을 요약·비교하면 다음과 같다.
종부세에 대한 자세한 내용은 저자의 다른 책을 참조하기 바란다.

구분	개인		법인
	실수요자	투자 수요자	
기본공제액	• 1주택 : 12억 원	• 이외 : 9억 원	공제 없음.
세율	• 일반세율 : 0.5~2.7%	• 중과세율* : 2.0~5.0%	• 일반세율 : 2.7% • 중과세율 : 5.0%
세액공제율	80%	–	–
세부담 상한율	• 일반 : 150%	• 일반 : 150%	없음.

* 중과세율

구분	개인	법인
중과세율	2.0~5.0%	2.7% 또는 5.0%
비고	3주택 이상 중 과표 12억 원 초과분	2주택 이하 2.7%, 초과 5.0%

3 실전 연습

앞의 사례에서 K씨는 종부세에 대한 대책을 강구하려고 한다. 다음 물음에 답하면?

Q1 만일 지방주택 중 1채를 양도하고자 한다. 이 경우 종부세가 줄어들 것인가?

종부세를 줄이기 위해서는 종부세 과세기준일인 6월 1일 전에 매도가 완료되어야 한다. 이때 해당 주택이 중과세 대상주택에 해당하는 경우에는 양도세 중과세(매매사업자의 경우에는 비교과세)가 적용될 수 있음에 유의해야 한다.

Q2 만일 보유 주택을 자녀 등에게 증여하는 경우 주의할 것은?

다주택자가 주택을 증여하는 경우에는 증여세와 그리고 2020년 7·10대책에 따라 취득세가 12%까지 나올 수 있다. 후자의 경우 2주택 이상 보유한 세대가 조정대상지역* 내에 소재한 기준시가 3억 원 이상의 주택을 증여하면 수증자의 주택 수와 관계없이 취득세가 12%까지 부과된다.

* 2024년 5월 현재 서울 강남구와 서초구, 송파구, 용산구만 지정되어 있다. 지정 및 해제현황은 '대한민국 전자관보'를 통해 알 수 있다.

☞ 참고로 2023년 이후 증여 부동산에 대해서는 취득세 과세표준이 시가상당액으로 인상된다. 따라서 증여 시 부동산에 대한 취득세 부담이 크게 증가될 가능성이 있다. 주의하기 바란다.

Q3 경매 투자자는 어떻게 보유세 관리를 해야 할까?

매년 6월 1일 현재를 기준으로 주택 수를 줄여야 한다. 주택 수별 관리방법을 살펴보면 다음과 같다.

구분	종부세 과세 여부	관리방법
개인이 1채 보유	기준시가 12억 원 이하는 부과되지 않음.	-
개인이 2채 보유	일반과세	
개인이 3채 보유	중과세 (단, 과표 12억 원 초과분에 한함)	처분 등을 통한 주택 수 관리가 필요함.

☞ 향후 1세대 1주택자에 대한 보유세 부담은 크게 줄어들 가능성이 크다. 이외 다주택자의 보유세 부담도 일정 부분 줄어들 가능성이 높다.

경매와 임대소득세 절세법

경매로 취득한 주택 등을 임대하는 경우에는 임대소득세라는 것이 부과된다. 그렇다면 이 세금은 어떻게 정산이 될까? 이하에서 임대 중에 발생하는 세금 문제 등을 말끔히 정리해보자.

1 기본 사례

K씨는 현재 직장인으로서 이번에 경매로 낙찰받은 주택을 임대해 월세 70만 원을 받고 있다. 임차인 역시 직장을 다니고 있다. 물음에 답하면?

Q1 월세를 받으면 본인 소득과 합산해 세금을 내야 하는가?

K씨는 연간 840만 원 정도의 월세를 받는다. 따라서 소득이 발생했으므로 원칙적으로 이에 본인 소득과 합산해 과세하는 것이 원칙이다. 하지만

세법은 소액주택 임대소득(2,000만 원 이하)에 대해서는 분리과세를 하고 있으므로 근로소득과 합산해 증가하는 세금은 없다.

Q2 월세소득에 대해서도 건강보험료를 내야 하는가?

직장인의 경우 근로소득 외의 종합소득금액*이 2,000만 원(2022년 7월 전은 3,400만 원이었음. 이하 동일)이 넘으면, 근로소득 외의 다른 소득에 대해 건강보험료가 추가된다. K씨는 이와 무관하므로 당분간 월세에 대한 건강보험료를 추가로 부담하지 않는다.

* 수입에서 비용을 차감한 금액을 말한다.

2 핵심 포인트

경매 등을 통해 구입한 부동산을 임대하는 경우에는 임대소득세를 부담하는 것이 원칙이다. 부동산 종류별로 이를 정리해보자.

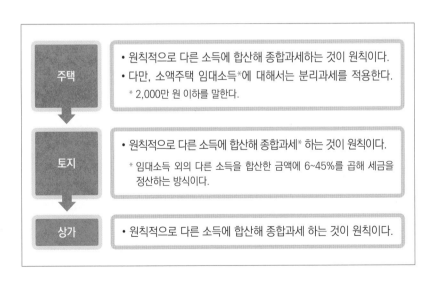

주택	• 원칙적으로 다른 소득에 합산해 종합과세하는 것이 원칙이다. • 다만, 소액주택 임대소득*에 대해서는 분리과세를 적용한다. * 2,000만 원 이하를 말한다.
토지	• 원칙적으로 다른 소득에 합산해 종합과세* 하는 것이 원칙이다. * 임대소득 외의 다른 소득을 합산한 금액에 6~45%를 곱해 세금을 정산하는 방식이다.
상가	• 원칙적으로 다른 소득에 합산해 종합과세 하는 것이 원칙이다.

※ 임대소득세 절세법

- 1세대 1주택자는 기준시가가 12억 원 이하면 소득의 크기에 관계없이 비과세가 적용된다.
- 2,000만 원 이하의 주택 임대소득에 대해서는 분리과세를 적용한다.
- 2,000만 원 초과한 임대소득에 대해서는 다른 소득에 합산해 종합과세가 적용된다.
- 종합과세가 적용되는 경우에는 세금의 크기를 사전에 예측하고 그에 맞는 대응방법(필요경비 활용, 소득분산, 법인전환 등)을 찾는다.
- 주택 임대소득이 발생하면 지역에서 건강보험료를 내는 것이 원칙이다(피부양자자격 박탈). 한편 직장가입자들은 근로소득 외 종합소득금액이 2,000만 원을 초과하면 지역에서 별도로 건강보험료가 추가로 부과된다.

③ 실전 연습

경기도 고양시 일산서구에 사는 T씨는 경매를 통해 주택을 낙찰받아 월세를 받아보려고 한다. 그런데 다음과 같은 내용이 궁금하다. 물음에 답하면?

Q1 월세소득에 대해 소득세를 내야 하는가?

주택월세소득에 대해서는 '비과세 → 분리과세 → 종합과세'의 순서로 검토해야 한다. 비과세는 세금을 전액 면제하는 것을, 분리과세는 다른 소득에 합산하지 않고 14%의 세율로 저율과세하는 것을, 종합과세는 다른 소득에 합산해 6~45%로 과세하는 방식을 말한다. 따라서 사례의 경우에는 이 세 가지 중에 하나의 제도가 적용될 것으로 보인다.

Q2 사업자등록 없이 임대하면 세무상 문제가 있는가?

주택 임대사업도 사업에 해당하므로 사업자등록을 하는 것이 원칙이다. 다만, 비과세를 적용받는 경우 사업자등록의 실익이 없으므로 이를 생략해도 문제가 없다. 만약 사업자등록을 해야 함에도 이를 하지 않으면 가산세가 0.2%만큼 부과된다.

☞ 주택 임대사업자들은 사업자등록을 하지 않아도 문제는 없으나 이를 하는 경우 세제 혜택이 있다.

Q3 K씨는 임대 주택을 관할 구청과 관할 세무서에 등록하는 것이 좋을까?

최근 주택 임대등록제도가 상당히 많이 바뀌었다. 예를 들어 앞의 주택이 아파트에 해당하면 2020년 8월 18일 이후부터 등록 자체가 불가능하게 되었다. 참고로 임대 주택에 대한 세제 혜택은 관할 구청과 세무서에 동시에 해야 하는데, 아파트는 등록 자체가 불가능하므로 세제 혜택은 기대할 수 없다.

☞ 이렇게 관할 구청에 등록이 안 되는 경우라도 관할 세무서에는 사업자등록을 내야 하는데, 이는 혜택을 부여하기 위해서라기보다는 의무에 해당한다.

※ **주택 임대사업자등록과 세금**
- 주택 임대사업자등록을 하면 세원 관리를 받게 된다.
- 주택 임대사업자등록을 하고 5년간 임대를 하면 거주 주택에 대해 비과세를 받을 수 있다.
- 건강보험료가 나올 수 있다.

경매와 양도소득세 절세법
(비과세를 받는 경우)

경매로 취득한 부동산을 처분한 경우에는 양도세가 부과된다. 양도세는 양도차익에 부과되는 세금이므로 수익률을 높이기 위해서는 이에 대한 세금을 잘 관리해야 한다. 지금부터는 주택과 토지 그리고 상가를 경매로 취득해 이를 양도하는 경우의 절세방법을 찾아보도록 하자.

1 기본 사례

K씨는 현재 2주택(A, B)을 보유하고 있다. 이 주택은 일시적 2주택으로 3년(2023년 1월 12일부터 모든 세목에 대해 지역에 관계없이 종전 주택의 처분기한이 3년으로 통일되었다) 내에 종전 주택(A)을 양도하면 비과세를 받을 수 있다. 그런데 K씨는 경매를 통해 새로운 주택(C)을 구입하려고 한다. 물음에 답하면?

Q1 C주택에 대한 경매 잔금을 납입하기 전에 A주택을 양도하면 비과세가 성립하는가?

경매 잔금을 납입하기 전까지는 C주택을 소유하는 것이 아니다. 세법은 잔금청산일을 취득시기로 하고 있기 때문이다. 따라서 여전히 일시적 2주택 상태를 유지하는 것이므로, 이러한 상황에서 A주택을 양도하면 비과세를 받을 수 있다.

Q2 C주택에 대한 경매 잔금을 납입한 후에 A주택을 양도하면 비과세가 성립하는가?

잔금완납을 했으므로 C주택을 새롭게 취득한 것에 해당한다. 따라서 1세대 3주택자가 되므로, 이러한 상황에서 A주택을 양도하면 비과세를 받을 수 없게 된다.

2 핵심 포인트

경매를 통해 주택을 취득한 후 이를 양도하는 경우에는 실수요 또는 투자 목적에 따라 세금 문제가 달라진다. 이를 좀 더 구체적으로 보면 다음과 같다.

① 거주용으로 구입한 경우

경매 주택을 거주용으로 구입하는 경우를 말한다. 이같이 실거주용으로 주택을 낙찰받으면 비과세제도에 유의하면 된다.

- 1세대 1주택에 해당하는 경우로써 2년 이상 보유*하면 비과세를 받을 수 있다.

  * 2017년 8월 3일 이후 조정대상지역 내에서 취득한 주택은 2년 거주요건이 있다.

- 1주택을 보유한 상태에서 경매로 주택을 취득하면 경매 주택을 취득한 날로부터 3년* 내에 종전 주택을 양도하면 역시 비과세를 받을 수 있다.

  * 2023년 1월 12일 이후부터 일시적 2주택 비과세 등을 적용함에 있어 처분기한이 지역에 관계없이 '3년'으로 통일되었다.

> **〈경매와 일시적 2주택〉**
>
> 일반적으로 1주택자가 대체 주택을 산 날로부터 종전 주택을 3년 내에 양도하면 비과세를 받을 수 있다. 하지만 처분기한을 넘기면 비과세를 받을 수 없게 된다. 이러한 상황에서는 처분기한이 도래하기 전에 법원에 경매를 신청(또는 자산관리공사에 매각 의뢰)해서 양도하면 처분기한을 넘기더라도 비과세를 받을 수 있다.

② 투자용으로 구입한 경우

투자용으로 구입한 경우에는 양도세가 나올 수 있다. 이 경우에는 다음과 같은 점에 유의해야 한다.

- 투자소득이 양도소득에 해당하는 경우
  - 양도소득에 해당하는 경우 단기양도세율(70% 등)에 주의해야 한다.
  - 양도세 필요경비의 범위에 주의해야 한다.

- 투자소득이 사업소득에 해당되는 경우
  - 사업소득에 해당하는 경우 비교과세* 적용 여부를 검토해야 한다.

    * 종합소득세와 양도세 중 많은 세액을 산출세액으로 하는 제도를 말한다.

  - 사업자의 납세협력의무(매매차익 예정신고 등)에 유의해야 한다.

3 실전 연습

K씨의 주택거래현황이 다음과 같다. 물음에 답하면?

자료

① A주택 : 2010년에 취득해 현재까지 거주하고 있음.
② B주택 : 2013년에 취득해 현재까지 임대하고 있음. 이 주택은 양도세가 감면되는 주택에 해당함.
③ C주택 : 2023년 중에 경매를 통해 낙찰을 받음.

Q1 K씨는 A주택을 2024년 이후에 양도하고자 하는데, 이 주택에 대해 비과세를 받을 수 있을까?

STEP 1 사례의 쟁점은?

K씨는 양도일 현재 3주택을 보유하고 있다. 따라서 이러한 상황에서는 일시적 2주택 비과세특례(새로운 주택을 취득한 날로부터 3년 내에 종전 주택 처분)가 적용되지 않는다. 하지만 B주택은 감면주택으로서 거주자의 소유주택으로 보지 않게 되면 일시적 2주택 비과세가 적용된다.

STEP 2 세법은?

세법은 최근에 등장한 양도세 감면주택에 대해서는 두 가지 혜택을 주고 있다. 하나는 감면주택을 양도하는 경우에 양도세를 감면하는 것이고, 다른 하나는 거주자의 주택 수에서 제외한다는 것이다.

B주택은 감면대상주택으로 거주자의 주택 수에서 제외된다고 하자. 이렇게 되면 K씨는 A주택과 C주택을 보유한 상태가 되므로 비과세를 받을 수 있는 위치에 서게 된다. 일시적 2주택 비과세특례가 적용되기 때문이다. 즉 A주택을 C주택의 취득한 날로부터 3년 내에 처분하면 비과세를 받을 수 있게 된다.

Q2 K씨가 2024년 이후에 C주택을 먼저 처분하고 난 후에 A주택을 바로 양도해도 비과세를 받을 수 있을까?

2021년 1월 1일부터는 다주택 보유기간을 제외하고 최종 1주택만 보유한 날로부터 2년 보유기간을 산정하므로 사례의 경우에는 비과세 받기가 힘들어진다. 다만, 2022년 5월 10일 이후부터는 이 제도가 적용되지 않으므로 이 경우 C주택 처분과 관계없이 A주택에 대한 양도세 비과세를 받을 수 있다(21페이지 참조).

> **(!) TIP** 경매 부동산 처분 시 세금의 종류
>
> 경매로 취득한 부동산을 처분할 때 만나게 되는 세금의 종류를 나열하면 다음과 같다.
>
> ① 거주목적용 주택
>
> 이를 처분하면 양도세가 부과된다.
>
> ② 임대 목적용 주택
>
> 이를 처분하면 역시 양도세가 부과된다.
>
> ③ 매매 목적용 주택
>
> 이를 처분하면 사업소득세(종합소득세)가 부과된다.

경매와 양도소득세 절세법
(과세가 되는 경우)

부동산을 처분할 때 만나는 세금인 양도세는 수익률을 올리거나 손해를 보지 않기 위해 반드시 알아두어야 할 세목이다. 또한, 실수요자의 관점에서는 다양한 세금혜택을 누리기 위해서도 관련 내용을 잘 파악할 필요가 있다.

1 기본 사례

K씨는 경매를 통해 다음과 같은 물건들을 취득했다. 물음에 답하면?

자료

- 주택 : 2024년 1월 취득, 취득가액 1억 원, 양도예상가액 2억 원
- 공장 : 2024년 1월 취득, 취득가액 1억 원, 양도예상가액 2억 원
- 위 부동산은 중과세와 관련이 없음.

Q1 앞의 주택을 2024년 12월에 처분하면 양도세율은 어떻게 되는가?

주택의 일반 양도세율은 보유기간에 따라 달라진다.

- 1년 미만 : 70%
- 1~2년 미만 : 60%
- 2년 이상 : 6~45%

사례의 경우 보유기간이 1년 미만이므로 70%(지방소득세 포함 시 77%)가 적용된다. 참고로 현행의 세율은 2020년 7월 10일 대책에 따라 인상되었는데, 이에 대한 세율이 인하되기 위해서는 국회의 동의가 있어야 한다. 앞으로 어떤 식으로 일이 전개될지는 두고 봐야 할 것으로 보인다. 참고로 2022년 12월 21일에 발표된 부동산 세제 완화안에는 주택과 입주권 그리고 분양권에 대한 단기양도세율이 최대 70%에서 45%로 하는 안이 들어있다. 이에 대한 자세한 내용은 저자의《2024 확 바뀐 부동산 세금 완전 분석》을 참조하기 바란다.

Q2 앞의 공장을 2024년 12월에 처분하면 양도세율은 어떻게 되는가?

공장의 일반 양도세율은 보유기간에 따라 달라진다.

- 1년 미만 : 50%
- 1~2년 미만 : 40%
- 2년 이상 : 6~45%

사례의 경우 보유기간이 1년 미만이므로 50%(지방소득세 포함 시 55%)가 적용된다.

Q3 앞의 주택은 2년 후에, 공장은 1~2년 사이에 양도하려고 한다. 이 경우 양도세는 얼마인가? 단, 250만 원의 기본공제는 적용하지 않으며, 주택과 공장의 양도소득금액은 합산하지 않기로 한다.

주택과 공장건물의 양도세는 다음과 같다.

구분	과세표준	세율	산출세액
주택	1억 원	6~45%	1,956만 원[*1]
공장	1억 원	40%	4,000만 원[*2]

*1. 1억 원 × 35% − 1,544만 원(누진공제) = 1,956만 원
*2. 1억 원 × 40% = 4,000만 원

☞ 주택과 주택 외의 부동산에 대한 세율체계가 달라 세금의 크기도 달라지고 있다.

Q4 만일 앞의 주택에 대해 중과세율이 적용되면 양도세는 얼마나 나올까? 단, 주택 중과세율은 3주택 중과세율이 적용된다고 하자.

구분	과세표준	세율	산출세액
주택	1억 원	6~45%+30%	4,956만 원[*]

* 1억 원 × 65% − 1,544만 원(누진공제) = 4,956만 원. 참고로 위 주택이 단기양도에도 해당하는 경우에는 Max[단기양도세율, 중과세율]로 세율을 결정해야 함에 유의해야 한다(77페이지 등 참조).

2 핵심 포인트

경매 등을 통해 취득한 부동산을 양도할 때 만나게 되는 세금 문제를 알아보면 다음과 같다.

- 1세대 1주택(일시적 2주택 포함)에 해당하면 비과세를 받을 수 있다.
- 비과세가 적용되지 않으면 감면 여부를 판단해야 한다.
- 비과세와 감면이 적용되지 않으면 과세(일반과세, 중과세)되는 것이 원칙이다.

- 토지는 대부분 양도세가 과세되는 것이 원칙이다.
- 다만, 8년 재촌·자경한 농지에 대해서는 감면을 받을 수 있다.
- 비사업용 토지의 경우에는 중과세제도가 적용된다.

- 상가는 양도세가 무조건 과세되는 것이 원칙이다.
- 임대 중의 상가를 양도하면 부가가치세가 부과되므로 주의해야 한다.

※ 양도세 절세법

- 양도세는 가능한 한 비과세를 받도록 한다.
- 감면도 훌륭한 절세방법이다.
- 중과세는 피하는 것이 상책이다.
- 과세를 피할 수 없는 경우에는 양도 전에 세금 문제를 파악해 이에 대한 대처방법을 찾아야 한다. 특히 단기매매의 경우에는 매매사업(개인 또는 법인)을 적극적으로 검토하는 것이 중요하다.

3 실전 연습

K씨는 최근 법원으로부터 경매에 부쳐진 40평형 아파트를 낙찰받으려 하고 있다. 그런데 이 주택을 낙찰받기 위해서는 주택임대차보호법 제3조에서 규정하는 대항력 있는(저당권보다 선순위 입주 및 거주와 확정일자를

받은 전세계약자임) 전세보증금 1억 원을 낙찰자가 부담해야 한다고 한다. 물론 이외에도 2억 원을 추가로 지급해야 한다. 이러한 상황에서 6개월 후에 이 아파트를 3억 5,000만 원에 양도하면 양도세는 얼마인가?

앞의 문제를 순차적으로 해결해보자.

STEP 1 쟁점은?

쟁점 아파트의 양도 시 취득가액을 산정할 때 전세보증금도 취득가액에 포함되는지의 여부가 중요하다.

STEP 2 세법 규정은?

세법은 주택임대차보호법상 대항력 있는 전세보증금(구상권을 행사할 수 없는 것에 한함)으로서 매수인이 부담하는 금액은 취득가액에 포함하도록 하고 있다.

※ 관련 예규 : 재산46014-1942, 1999. 11. 6

부동산의 양도에 대한 양도차익을 실지거래가액으로 계산함에 있어 취득 및 양도가액은 그 자산의 취득 및 양도 시 거래된 실지거래가액(경매에 의하여 취득하는 경우에는 경락가액)에 의하며, 이 경우 실지거래가액에는 주택임대차보호법 제3조에서 규정하는 대항력 있는 전세보증금(구상권을 행사할 수 없는 것에 한함)으로서 매수인이 부담하는 금액을 포함하는 것임.

STEP 3 결론은?

앞의 내용을 감안해 양도세를 계산하면 다음과 같다.

구분	금액	비고
양도가액	3억 5,000만 원	
− 취득가액	3억 원	인수한 보증금+추가 납입액
= 양도차익	5,000만 원	
− 기본공제	250만 원	
= 과세표준	4,750만 원	
× 세율	70%	1년 미만 보유 시 주택의 양도세율
= 산출세액	3,325만 원	

☞ 양도세가 나오는 경우 필요경비공제 등을 최대한 활용해 세금을 줄이는 전략을 구사하도록 한다. 참고로 2023년 7월 27일에 발표된 2024년 세법개정안에는 부동산 취득세나 양도소득세 등에 대한 개편 소식은 없다. 2024년 중에 재추진할 가능성이 있다.

심층분석 NPL 투자와 과세방식

NPL은 'Non Performing Loans'의 줄임말로 3개월 이상 연체된 대출금(부실채권)을 말한다. 이러한 NPL 투자 방식은 크게 NPL을 매입 후 다른 투자자에게 매각하는 방식, 배당금을 받는 방식 그리고 부동산을 낙찰받은 후 이를 재매각하는 방식 등이 있다. 그렇다면 이러한 투자 방식에 따라 세금은 어떻게 과세될까?

1. NPL을 재매각하거나 배당을 받는 경우

NPL을 매입해 제3자에게 그대로 매각하거나 법원의 경락으로 인해 매매차익이 발생해 이를 배당받은 경우 소득세법상 이자소득에 해당할 가능성이 있다. 금전사용에 대한 대가인 이자로 볼 여지가 있기 때문이다. 이에 대해 과세당국은 법원의 판결(서울행정법원 2006구합32702, 2007. 1. 10, 서울고등법원 2007누4256, 2007. 8. 28 외)을 받아들여 부실채권매매를 업으로 하지 아니하는 개인이 민법상 채권양도의 방식으로 부실채권을 매수했다가 매각함에 따라 발생한 처분이익은 과세대상으로 보지 않고 있다. 다만, 채권양도의 방식으로 외형상으로 부실채권을 매수했으나, 실질에 있어 당해 거래가 금전소비대차에 해당하는 것이면, 동 금전소비대차로 인해 발생한 이익은 이자소득에 해당한다고 한다. 한편 사업소득(대부업)에 해당하는 경우에는 이에 대해서는 사업소득으로 과세된다.

※ 관련 예규 : 서면 1팀-1130, 2005. 9. 27

질의 일시적으로 매입한 부실채권의 매매차익에 대한 소득세 과세 여부

- 2004년 12월, 회사(갑)가 채무자(을)와 거래한 부실 외상매출금을 우연히 신문공고를 통해 매각한다는 사실을 알고, 공개입찰을 통해 약 110억 원의 부실 외상매출금을 6억 5,000만 원에 매입함.
- 매입한 부실 외상매출금 10억 원에 대해 채무자(을)의 부동산 경매 및 채무조정 등을 통해 매입가를 조금 초과하여 회수하였고, 남은 부실채권 약 100억 원은 기업 구조조정 투자 회사에 약 8,000만 원에 재매각하려고 함.

이럴 경우 부실채권 매입가 대비 최종적으로 약 8,000~9,000만 원의 초과수익이 발생하는데, 이 초과수익에 대해 현행 소득세법상 과세소득인지 여부 및 과세된다면 소득금액 산출방법 및 필요경비 항목은 어떤 것이 있는지.

회신

소득세법상 거주자가 일시적으로 매입한 부실채권을 매각하거나 경락으로 인하여 발생한 차익은 동법상 과세대상 소득에 해당하지 않는 것이나, 사업자가 사업의 일부로 채권을 매매하였거나 사업과 관련된 경우는 사업소득에 해당하는 것임.

2. 낙찰받은 후 부동산을 매각하는 경우

NPL 투자자가 직접 부동산을 낙찰받은 후 이를 되파는 경우 양도세 문제가 발생한다. 이때 쟁점은 취득가액을 입찰참여가액으로 할 것인지, 아니면 실제 투자한 가액으로 할 것인지 여부가 된다.

이에 대해 과세당국은 부동산을 경매의 방법으로 취득한 경우 취득가액은 경락가액(낙찰가액)이 되는 것으로 안내하고 있다. 다만, 세법 논리상으로 보면 취득가액은 취득자가 실제 부담해야 하는 가격이 되어야 하므로 입찰참여가액이 아닌 실제 투자한 가액이 되어야 한다.

☞ NPL 투자로 취득한 부동산의 취득가액을 어떤 것으로 하느냐 하는 것은 매우 중요한 문제다. 따라서 신고 전에 과세당국의 유권해석을 받아 처리하는 것이 좋을 것으로 보인다.

◎ **법인이 NPL을 매입해 이를 매각하면 법인세를 비과세 받을 수 있는가?**

법인이 NPL에 투자해 수익을 얻은 경우 무조건 과세가 되는 것이 원칙이다. 이는 법인세법이 순자산증가설을 채택하고 있어 법인의 순자산을 증가시키는 거래로 인해 발생한 수익에 대해서는 무조건 법인의 수익으로 보고 있기 때문이다.

제 2 장

실전 경매 부동산의
양도소득세 절세법

수익률을 결정하는 양도세 구조부터 확인하라

일반 투자자나 경매 투자자의 관점에서 양도세는 다른 세목에 비해 더 잘 알아두어야 한다. 처분수익의 70% 이상 세금이 나올 가능성이 크기 때문이다. 물론 이에 대한 대안을 찾기 위해서라도 이 양도세는 한시라도 등한시할 수 없다. 독자들은 다음과 같은 접근 순서대로 양도세를 다루면 상당히 좋을 것으로 보인다.

STEP 1 비과세와 감면 그리고 중과세제도의 이해

비과세는 국가가 과세권을 포기해 세금이 애초부터 없는 것을 말하고, 감면은 일단 산출세액을 계산하지만, 과세당국의 확인을 거쳐 산출세액의 50%나 100%를 면제하는 것을 말한다. 그리고 중과세는 세율 등을 높여 세금을 무겁게 과세하는 것을 말한다.

① 주택

비과세	감면	중과세
• 1세대 1주택 • 일시적 2주택 비과세특례	• IMF 시절의 장기임대 주택 • 최근의 미분양주택에 대한 과세특례 등	• 2주택 중과세 • 3주택 중과세

주택은 기본적으로 1세대 1주택(일시적 2주택 등 포함)에 대해서는 양도세를 비과세한다. 그리고 특정한 감면기간에 감면요건을 갖춘 주택에 대해서는 양도세를 감면한다. 한편 다주택자에 대한 중과세제도(6~45%+20~30%p)는 2018년 4월 1일부터 적용되고 있다. 다만, 2024년 5월 현재 2년 이상 보유한 주택에 한해 이 제도가 한시적으로 적용되지 않는다(21페이지 참조).

② 토지

비과세	감면	중과세
농지의 교환 또는 분합	• 8년 이상 자경농지 • 자경농지의 대토 • 수용 토지 등	비사업용 토지

경작상 필요한 농지를 교환 또는 분합한 경우 양도세가 비과세된다. 그리고 8년 이상 자경한 농지나 자경한 농지의 대토(A지역의 농지를 팔고 B지역의 농지는 사는 경우)한 경우, 그리고 수용을 당한 토지에 대해서는 양도세를 최고 100%까지 감면하고 있다. 한편 해당 토지가 비사업용 토지에 해당하면 중과세(6~45%+10%p)가 적용된다. 참고로 토지에 대한 중과세제도는 주택과는 달리 현행처럼 계속 적용될 가능성이 크다.

③ 상가 등 수익형 부동산

비과세	감면	중과세
없음.	없음.	없음.

상가 등은 비과세나 감면 그리고 중과세제도가 없다. 조세정책적인 목적으로 이를 규율할 필요가 없기 때문이다. 다만, 상가 등 수익형 부동산은 부가가치세가 추가되는 등 복잡한 세금체계로 인해 세무 위험이 증가하기 때문에 정교한 세금 관리가 필요하다.

STEP 2 과세구조의 이해

양도세는 계산구조에 따라 다양한 절세방법을 찾을 수 있다. 예를 들어 양도차익 계산단계에서는 취득가액을 환산하거나 기타필요경비를 많이 받거나 과세표준 계산단계에서는 장기보유특별공제를 많이 받는 것 등이 있다. 이외에 과세를 받더라도 유리한 세율로 과세를 받는 것도 절세의 한 방법에 속한다.

구분		절세방법
양도차익계산	양도가액 – 취득가액 – 기타필요경비 **= 양도차익**	허위계약서를 작성하지 않는다. 취득가액을 알 수 없는 경우에는 환산*한다. 필요경비를 많이 받을 수 있도록 한다.
과세표준계산	– 장기보유특별공제 **= 양도소득금액** – 기본공제 = 과세표준	보유기간에 유의해 최대한 공제율을 높인다. 중복해 공제를 받지 않는다.
산출세액계산	× 세율 **= 산출세액**	6~45%를 적용받도록 한다.

구분		절세방법
납부세액계산	+ 가산세	신고 및 납부기한을 어기지 않는다.
	= **최종 납부할 세액**	

* 이는 양도 시의 실제양도가액에 '취득 시의 기준시가/양도 시의 기준시가'의 비율을 곱해 취득가액을 환산하는 제도를 말한다.

앞의 계산구조에서 세율 적용법은 부동산 매매업에 대한 과세방식을 이해하는 데 있어 매우 중요하다. 뒤의 부분에서 확인하도록 하자.

STEP 3 신고 및 납부방법 이해

양도세는 주소지 관할 세무서에 다음과 같은 방법으로 신고 및 납부한다.

예정신고	확정신고
• 양도일이 속하는 달의 말일부터 2개월 내에 신고 및 납부(의무) • 납부할 세액이 1,000만 원을 초과하는 경우 2개월 내에 분납 가능	• 양도일이 속하는 다음 해 5월 중 신고 및 납부(연간 2회 이상 양도 시) • 2개월 분납 가능

* 양도세 신고는 본인도 할 수 있고, 세무회계사무소를 통해서도 할 수 있다.

☞ 양도세 등을 비롯한 모든 세금은 납세의무가 성립되기 전에 또는 매매계약 전에 세무상 문제점을 파악하고 대책을 마련하는 것이 가장 중요하다.

필요경비를 활용하라

경매하는 사람들이 가장 궁금하게 생각하는 것 중의 하나가 바로 경매에 관련된 필요경비가 무엇인지의 여부다. 이에 해당하지 않으면 비용을 지출했더라도 양도세 계산 시 인정받지 못하기 때문이다. 지금부터는 경매로 취득한 부동산을 처분했을 경우 필요경비로 인정되는 범위에 대해 알아보자.

1 기본 사례

K씨는 최근 아파트를 경락받아서 전 소유주에게 수차례 이사해줄 것을 요구했으나 이에 불응하자 해당 법원에 부동산 인도명령신청을 했다. 다음 물음에 답하면?

Q1 인도명령신청 후에 들어간 집행비용은 양도세 신고 시 필요경비로 인정받을 수 있는가?

경매로 취득한 부동산의 강제 집행비용이 해당 자산을 취득하기 위해 직접 소요된 경비인 경우에는 필요경비로 공제받을 수 있다. 한편 앞의 내용처럼 양도자산을 취득한 후 쟁송이 있는 경우에는 그 소유권을 확보하기 위해 직접 소요된 소송비용, 화해비용 등의 금액도 필요경비로서 인정을 받을 수 있다(서면4팀-2455, 2006. 7. 25 등).

☞ '직접 소요된 소송비용, 화해비용'은 사례별로 사실 판단을 통해 이를 입증할 수밖에 없다. 몇 가지 사례를 통해 판단해보자.
- 취득 시 법원집행관실을 통해 강제 집행을 하는 경우 당해 강제 집행비용 → 해당
- 전 소유자의 임차자에 대한 명도 조건 합의금 → 미해당
- 전 소유자가 체납(공용분 제외)한 도시가스요금 및 관리비 등 → 미해당

Q2 전 소유자에게 이사비용을 지급하면 이는 필요경비에 해당하는가?

이사비용은 소유권 취득과 관계없는 비용이므로 필요경비로 인정을 받을 수 없다.

Q3 전 소유자의 이사 후 해당 집을 수리한 경우 이 비용은 양도세 계산 시 필요경비에 해당하는가?

세법에서 정하고 있는 자본적 지출(자산가치를 증가시키는 지출)에 해당하지 않으면 필요경비로 인정받지 못한다. 따라서 이런 관점에서 수리비는 필요경비에 해당하지 않는다고 판단 내릴 수 있다.

※ 양도세 필요경비 인정 근거 규정

양도세 계산 시 필요경비로 인정받을 수 있는 항목들은 대략 다음과 같다(소득세법 시행령 163조).

- 취득가액
  - 자산의 취득에 들어간 실지거래가액(원칙)
  - 취득 당시의 실지거래가액을 확인할 수 없는 경우에는 매매사례가액, 감정가액 또는 환산가액
- 자본적 지출액 등으로서 대통령령으로 정하는 것
  - 양도자산을 취득한 후 쟁송이 있는 경우에 그 소유권을 확보하기 위하여 직접 소요된 소송비용·화해비용 등의 금액
  - 양도자산의 용도변경·개량 또는 이용편의를 위하여 지출한 비용
  - 개발이익환수에 관한 법률에 따른 개발부담금 등
- 양도비 등으로서 대통령령으로 정하는 것
  - 인지대, 공증비용, 소개비 등

2 핵심 포인트

양도세 계산 시 양도차익에서 차감할 수 있는 필요경비의 범위를 알아보면 다음과 같다.

① 일반적인 필요경비

구분	내용
소송비	○(단, 소유권 취득과 직접적으로 관련성이 있어야 함)
발코니 섀시	○(자본적 지출)
거실 확장공사비	○(자본적 지출)

구분	내용
난방시설 교체비	○(자본적 지출)
벽지 또는 장판 교체비	×(자본적 지출이 아닌 수익적 지출임. 따라서 필요경비로 인정하지 않음).
방습필름 교체	×(상동)
타일 교체 비용	×(상동)
싱크대 및 주방기구 교체비	×(상동)
보일러 수리비	×(상동)
옥상 방수 공사비	×(상동)
변기공사비 및 타일 교체비	×(상동)
건물 취득 후 대수선 경비	○(건물 전체의 용도를 변경하는 등 대수선공사를 위한 지출비용은 필요경비로 산입함)
개발부담금	○(개발이익환수에 관한 법률에 의한 개발부담금은 필요경비에 산입함)
학교용지부담금	○
기반시설부담금	○
철거된 건물의 필요경비	○(건물 취득 후 즉시 멸실 후 나대지로 양도하거나 건물 신축 후 양도한 경우에는 자본적 지출로 봄)

② 경매 관련 필요경비 인정 여부(쟁점)

구분	내용
인도, 명도 시의 집행비용	×(소유권 취득과 무관)
전 소유자 및 세입자의 관리비, 체납처분비 대납분	×(공용 외는 필요경비에 미해당, 재산01254-2947, 1988. 10. 13) ☞ 단, 대법원에서는 인정하는 추세
전 소유자 및 세입자와의 이사 합의금	×(소유권 취득과 무관)

구분	내용
인수한 대항력 있는 임차인의 보증금*	○(취득가액에 해당)
경매 컨설팅 비용	○(취득부대비용으로 인정)
경매 사이트 지급수수료	○(취득부대비용으로 인정)

* 인수한 대항력 있는 임차인의 보증금 : 이는 주택임대차보호법에 의해 보호되는 임차보증금으로서 취득가액의 일부에 해당한다. 참고로 임차인이 경락을 받은 경우 회수하지 못한 임차보증금은 소멸하므로, 이는 취득가액의 일부에 해당하나(국심 2004전3745, 2005. 4. 30, 조심 2011광2726, 2011. 11. 30), 예규 등은 실제 낙찰가격을 취득가액을 한다고 하고 있다. 다만, 최근에 이에 대한 해석을 변경했으므로 실무 적용 시 참고하기 바란다(실전연습 1번 참조).

ⓠ 소유권을 취득한 후 당해 자산의 무단 사용인을 내보내는 과정에서 소요된 비용(변호사비용, 소송비용 등)은 필요경비에 해당하는가?

소유권을 확보하기 위해 직접 소요된 비용에 해당하지 아니해 필요경비에 해당하지 아니한다(조심2012서478, 2012. 04. 23 등). 다만, 실무적으로는 필요경비의 성격도 있어 보이므로 좀 더 검토할 필요가 있다.

※ 경락가액도 환산할 수 있을까?

① 원칙

부동산을 경매의 방법으로 취득한 경우 취득가액은 경락가액(낙찰가액)이 된다. 따라서 경락가액을 확인할 수 있는 경매 관련 서류(매각허가결정서 등)를 등기권리증이나 물건 소재지 관할법원에 문의해 확인한다.

② 예외

경락받은 지가 오래된 경우로서 낙찰가격을 확인할 수 없다면 '매매사례가액, 감정가액 또는 환산가액'의 순으로 취득가액을 계산할 수밖에 없을 것이다.

3 실전 연습

1. K씨는 자신이 전세로 살고 있던 주택(전세보증금 7,000만 원)이 경매에 넘어가자 본인이 경매에 참여해 1억 3,000만 원에 경락을 받았다. 그런데 전세보증금에 대한 배당으로 3,000만 원을 받았으나 나머지 4,000만 원은 받지를 못했다. 이 주택을 바로 양도하고자 하는데 이 경우 세금은 얼마가 될까? 이 주택의 예상양도가액은 1억 7,000만 원이 된다.

앞의 물음에 맞춰 순차적으로 답을 찾아보자.

STEP 1 쟁점은?
본인의 전세보증금 중 4,000만 원을 필요경비로 인정받을 수 있는지의 여부가 된다. 만일 이를 필요경비로 인정받는다면 다음과 같이 양도차익이 계산된다.

- 양도차익 = 양도가액 – 취득가액 – 기타필요경비
  = 1억 7,000만 원 – 1억 3,000만 원 – 4,000만 원 = 0원

STEP 2 세법 규정은?
그렇다면 배당받지 못한 전세보증금을 필요경비로 인정할까? 이에 대해 얼마 전까지만 해도 과세당국은 주택을 전세로 임차해 거주하는 임차인이 해당 주택에 대한 법원의 경매에서 그 임차주택을 경락받아 양도하는 경우 해당 임차인이 회수하지 못한 전세보증금의 전부 또는 일부금액은 취득가액에 포함되지 아니한다고 했다. 하지만 최근 해석을 변경해 이에 대해서는

전세보증금을 취득가액에 포함하도록 하고 있다. 다음 예규를 참조하기 바란다.

※ 관련 예규 : 사전법규재산2021-1384(2022. 2. 21)

사실관계

○ 2016년에 甲은 A주택의 임차인으로서 A주택의 소유주와 임차보증금 130백만 원에 임대차계약을 체결하고 A주택 임차
 - 주민등록 이전 후 확정일자 받은 1순위 채권자임.
○ 2019년 6월, 법원에 임차보증금 지급명령을 신청하였으나 회수되지 않아, A주택 임의경매 신청
○ 2020년 12월, 임차인이 A주택을 105백만 원에 낙찰
 - 2021년 8월, 경락 취득한 A주택을 138백만 원에 매도

질의내용

해당 주택의 확정일자를 받은 1순위 채권자인 임차인이 그 해당 주택을 경락받아 양도하는 경우, 경락 시 회수되지 못한 임차보증금의 취득가액 포함 여부

회신

임차주택의 확정일자를 받은 선순위의 대항력 있는 임차인이 당해 임차주택에 대한 법원의 경매에서 그 임차주택을 경락받아 양도하는 경우 당해 임차인이 회수하지 못한 임차보증금은 취득가액에 포함하는 것임. 참고로 위와 같이 해석이 바뀐 이유는 조세심판원의 결정이 있었기 때문이 아닌가 싶다(조심 2011광2726, 2011. 11. 30). 저자는 종전의 예규가 상당히 불합리하다고 판단하고 있었는데, 뒤늦게나마 새로운 예규

가 생성되어 다행이라고 생각한다.

STEP 3 양도세 계산은?

사례의 경우 회수하지 못한 전세보증금은 전액 취득가액으로 인정되므로 양도차익은 0원이 된다. 따라서 이로 인해 부담해야 할 양도세는 없다.

Ⓠ K씨는 이 거래로 인해 얼마의 돈을 벌었을까?

양도가액 1억 7,000만 원 - (경락가격 1억 3,000만 원 + 전세보증금 7,000만 원) + 배당받은 전세보증금 3,000만 원 - 세금 0원 = 0원

2. K씨는 주택을 낙찰받을 당시 주택에 대해 유치권으로 담보하는 채권이 있어서 그 채권 상당액(1,000만 원)을 유치권자에게 변제했다. 이 유치권 변제금액은 양도세 계산 시 필요경비에 해당하는가? 앞의 물음에 대한 답을 순차적으로 찾아보자.

STEP 1 쟁점은?

K씨가 지급한 유치권* 변제액이 양도세 필요경비에 해당하는지 여부다.

* 타인의 물건 등을 점유한 자가 그 물건이나 유가증권에 관해 생긴 채권(債權)을 가지는 경우에, 그 채권의 변제를 받을 때까지 그 물건 또는 유가증권을 유치할 수 있는 권리를 말한다.

STEP 2 세법 규정은?

과세당국은 법적인 지급의무 없이 지급하는 합의금(취득자가 당해 주택을 낙찰받을 당시 법적으로 지급해야 할 의무가 없음에도 유치권을 주장하는 자에게 지급하는 합의금 등)은 필요경비로 공제할 수 없도록 하고 있다(재산-577, 2009. 10. 27).

STEP 3 결론은?

K씨가 지급한 유치권 변제액이 지급의무가 있는 것에 해당하면 이는 양도세 필요경비에 해당한다. 하지만 지급의무가 없는 경우에 해당하면 공제를 받을 수 없다.

☞ 사례의 경우 사실 판단에 따라 공제 여부가 갈릴 것으로 보인다.

※ **경매와 필요경비**(개선안)

앞의 본문의 경매와 관련해 발생한 비용들은 모두 필요경비 성격의 일부를 가지고 있다고 판단된다. 예를 들어 전 소유자에게 지급되는 이사비용의 경우 이를 지급하지 못하면 실질적으로 소유권을 행사하기가 힘든 성격이 있기 때문이다. 따라서 이러한 맥락에서 소유권을 안정적으로 확보하기 위해 들어간 집행비용이나 관리비, 체납처분비 또는 이사비용 등은 필요경비로 인정하는 것이 타당할 것으로 보인다.

💡 TIP 필요경비 처리원칙

부동산과 관련해 발생한 필요경비는 임대소득이나 양도소득 등을 차감시켜주므로 이에 대한 처리원칙을 잘 지키는 것이 절세할 수 있는 지름길이 된다. 이하에서 필요경비와 관련된 내용을 대략 점검해보자.

1. 필요경비의 개념

필요경비(必要經費)란 수입을 얻기 위해 필수적으로 들어간 비용을 말한다. 이러한 필요경비는 주로 개인의 세금을 계산할 때 소득에서 차감되며 소득세를 줄여주는 역할을 한다.

2. 부동산과 관련된 필요경비

부동산과 관련된 필요경비의 범위를 살펴보면 다음과 같다.

비사업활동	사업활동		
양도소득	임대소득	사업소득	분양소득
• 취득가액 • 기타필요경비(자본적 지출액, 중개수수료 등)	• 건물 감가상각비 • 수선비 • 임직원 급여 • 일반관리비 등	• 취득가액 • 임직원 급여 • 일반관리비	• 토지 및 건축원가 • 임직원 급여 • 일반관리비

양도소득의 경우 세법에서 정하고 있는 것들에 한해 필요경비로 인정되나 나머지 임대소득 등은 사업활동에 해당하므로 필요경비의 범위가 양도소득에 비해 매우 넓다는 특징이 있다. 따라서 사업을 위해 투입되는 인건비 등은 사업소득에서 차감되는 것이 원칙이다. 다만, 업무와 무관한 비용 등은 장부에 계상하더라도 이를 제외한다.

☞ 사업에 대한 필요경비는 일반적으로 해당 과세기간의 총수입금액에 대응하는 비용으로서 일반적으로 용인되는 통상적인 것의 합계액으로 한다. 이에 대한 자세한 내용은 뒤에서 살펴보기로 한다.

3. 필요경비를 처리하는 요령

필요경비의 입증은 납세자가 스스로 해야 한다. 따라서 이를 위해서는 세법에서 정하고 있는 각종 증빙서류를 준비하고 있어야 한다.

① 양도소득
 • 취득가액 → 계약서를 가지고 입증하게 된다. 만약 계약서에 대한 신뢰가 없는 경우에는 자금흐름으로 입증해야 하므로 평소에 통장 거래를 하는 것이 좋다.
 • 기타필요경비 → 영수증과 기타 지급근거서류 등으로 입증해야 한다.

② 임대소득 등
 • 취득원가 → 앞과 동일하다.
 • 임직원의 급여 → 지급사실을 관할 세무서에 신고해야 한다.
 • 일반관리비 → 영수증과 기타 지급근거서류 등으로 입증해야 한다.

합산과세의 위험성을
정복하라

한 해에 두 번 이상 양도가 있는 경우에는 양도소득에 대한 합산과세
의 문제가 있다. 이렇게 되면 일반적으로 세금이 증가할 여지가 있다.
하지만 양도차손이 발생하면 세금이 줄어들 수도 있다. 이에 관한 내용
을 확인해보자.

1 기본 사례

K씨가 20×5년 중에 다음과 같은 거래를 했다. 이 경우 세금을 계산
해보면? 단, 세율은 6~45%를 적용하며, 장기보유특별공제 및 기본공
제는 적용하지 않는다.

- A주택 양도 : 양도차익 1억 원
- B주택 양도 : 양도차익 1억 원
- C오피스텔 양도 : 양도차손 5,000만 원

앞의 물음에 대한 답을 찾아보자.

STEP 1 비과세 부동산 제외

비과세가 적용되는 부동산의 양도차익과 양도차손은 다른 소득과 통산할 이유가 없다. 따라서 먼저 비과세가 적용되는 부동산을 찾아내 이를 제외해야 한다.

STEP 2 통산 방법 결정

앞의 부동산이 모두 양도세 과세대상인 자산이라고 한다면 A와 B주택은 양도차익, 그리고 C오피스텔은 양도차손이 발생했다. 따라서 이 세 가지 항목을 모두 통산해 세금을 계산한다.*

* 통산은 납세자별로 하므로 배우자의 양도차손익을 본인의 것과 통산할 수 없다.

STEP 3 통산에 따른 세금계산

앞과 같은 절차에 따라 세금을 계산하면 다음과 같다.

구분	A주택	B주택	C오피스텔	계
적용세율	6~45%	좌동	좌동	-
양도차익(과세표준)	1억 원	1억 원	△5,000만 원	1억 5,000만 원
× 세율				35%
- 누진공제				1,544만 원
= 산출세액				3,706만 원

2 핵심 포인트

현행 소득세법은 매년 1월 1일부터 12월 31일까지 발생한 양도소득에 대해 이를 합산해 과세한다. 다만, 이때 양도차익이나 양도차손은 같은 세율이 적용되는 소득끼리 합산하는 것을 원칙으로 하고 있다(한해에 2회 이상 양도 시의 세율 적용법은 72페이지를 참조할 것). 이러한 내용을 요약해 정리하면 다음과 같다. 단, 단기양도세율은 70%를 적용한다.

구분	첫 번째 양도	두 번째 양도	결과
①	세율 70%	세율 70%	통산의 실익이 없음 (단, 기본공제 250만 원은 1회만 적용).
②	세율 70%	세율 6~45%	통산할 수 없음.
③	세율 6~45%	세율 6~45%	통산해야 함(세금이 증가되는 효과).
④	양도차익 1억 원	양도차손 5,000만 원	양도차손을 양도차익에서 차감해 계산함 (세금이 감소하는 효과).

☞ 앞의 상황 중 ③의 상황은 합산과세에 의해 세금이 증가하나 ④의 상황은 세금이 감소한다.

※ 양도차손이 발생한 경우의 통산 순서(소령§167의2①)

양도차손이 발생한 경우 다음의 순서로 통산한다.
① 양도차손이 발생한 자산과 같은 세율을 적용받는 자산의 양도소득금액을 통산한다.
② 양도차손이 발생한 자산과 다른 세율을 적용받는 자산의 양도소득금액이 2 이상인 경우에는 세율별 양도소득금액의 합계액에서 해당 양도소득금액이 차지하는 비율로 안분해 공제한다. 이 경우 다

른 세율을 적용받는 자산의 양도소득금액이 2 이상인 경우에는 세율별 양도소득금액의 합계액에서 당해 양도소득금액이 차지하는 비율로 안분해 공제한다.

ⓠ 이월된 양도차손은 다음 해의 양도차익에서 공제를 받을 수 있는가?

사업소득의 경우에는 10년(2021년 이후는 15년)간 이월공제되나 양도차손의 경우에는 이월공제가 되지 않는다.

참고로 비과세대상 양도자산에서 발생한 양도차손의 통산 여부에 대해서는 양도소득금액에서 차감하지 않도록 하고 있음에 주의해야 한다(관련 예규 : 기획재정부 재산제세과-917, 2011. 10. 27).

3 실전 연습

K씨는 20×5년 2월에 본인이 사는 아파트와 골프회원권을 동시 양도하게 되었다. 그런데 아파트에서는 약 2억 원의 차손이, 골프회원권에서는 약 2,000만 원의 차익이 발생했다. 이 경우 아파트의 양도차손을 골프회원권의 양도차익과 통산할 수 있을까?

앞의 물음에 대해 순차적으로 답을 찾아보자.

STEP 1 쟁점은?

아파트의 양도차손을 골프회원권의 양도차익과 통산할 수 있는지의 여부가 중요하다. 통산할 수 있다면 골프회원권의 양도차익에 대해서는 세금을 내지 않아도 되기 때문이다.

STEP 2 세법 규정은?

세법은 비과세대상 자산에서 발생한 양도차손은 다른 과세대상자산의 양도차익에서 통산할 수 없도록 하고 있다. 양도소득금액은 자산별 과세대상 소득금액과 과세대상 결손금을 통산하도록 하고 있기 때문이다(재산세과-1640, 2009. 8. 7).

STEP 3 결론은?

결국 K씨가 처분한 아파트가 비과세대상 주택에 해당하는 경우에는 양도차손은 소멸하게 되며, 만약 과세대상주택이라면 과세대상인 골프회원권의 양도차익과 통산할 수 있다.

☞ 양도차손을 양도차익과 통산하는 전략은 사전에 정교하게 수립되어야 사후적으로 문제가 없다.

⚡TIP **한 해에 2회 이상 양도하는 경우의 양도세율 적용법**

한 해에 2회 이상 양도하는 경우의 양도세율은 다음 ①과 ② 중 큰 것으로 비교과세한다(소득세법 제104조 제5항).

① 과세표준 합계액에 일반세율을 적용한 산출세액

② 자산별로 세율을 적용한 산출세액의 합계액*

    * 이 경우 둘 이상의 자산 중 같은 세율이 적용되는 경우에는 이들의 과세표준을 합산해 세율을 적용한다. 예를 들어 2개의 양도자산이 모두 3주택 중과세율이 적용된다면 이 둘의 과세표준을 합해 해당 세율을 적용한다는 것이다(구체적인 것은 저자의 카페로 문의 요망). 참고로 앞의 ②의 금액을 계산할 때 비사업용 토지와 비사업용 토지 과다보유법인(자산총액 중 비사업용 토지의 가액이 차지하는 비율이 50% 이상인 법인) 주식 등은 동일한 자산으로 보고, 1필지의 토지가 비사업용 토지와 사업용 토지로 구분될 경우 각각 다른 자산으로 본다.

양도세 중과세를 정복하라

주택과 토지를 투자 목적으로 취득한 후 이를 처분한 경우에도 다양한 세금 문제가 파생한다. 특히 주택과 토지의 경우에는 중과세제도가 작동되고 있는 만큼 꼼꼼하게 세금 문제를 파악해야 문제가 없다(이 중 2년 이상 보유한 주택에 한해 한시적으로 중과 적용유예가 진행되고 있음).

1 기본 사례

K씨는 다음의 부동산을 양도했다(양도의 상황은 독립적임). 물음에 답하면(기본공제는 미적용)?

구분	양도가액	취득가액	보유기간	비고
주택	10억 원	5억 원	10년	서울에 소재함.
임야	2억 원	1억 원	5년	

Q1 주택에 대한 양도세는 얼마인가? 이 주택은 3주택 중과세가 적용된다.

구분	금액	비고
양도가액	10억 원	
− 취득가액	5억 원	
= 양도차익	5억 원	
− 장기보유특별공제	0원	중과주택은 공제배제
= 과세표준	5억 원	
× 세율	70%	40%+30%
− 누진공제	2,594만 원	
= 산출세액	3억 2,406만 원*	지방소득세 별도(이하 동일)

* 만일 K씨가 중과세 적용유예 기간 내에 이를 양도하면 장기보유특별공제 20%와 6~45%를 적용받아 대략 1억 3,400만 원 정도의 양도세를 부담하게 된다.

Q2 임야에 대한 양도세는 얼마인가? 단, 이 임야는 비사업용 토지에 해당한다.

구분	금액	비고
양도가액	2억 원	
− 취득가액	1억 원	
= 양도차익	1억 원	
− 장기보유특별공제	1,000만 원	10%(5년×2%)
= 과세표준	9,000만 원	
× 세율	45%	35%+10%
− 누진공제	1,544만 원	
= 산출세액	2,506만 원	

2 핵심 포인트

주택과 토지에 대한 중과세제도를 비교하면 다음과 같다.

구분	주택	토지
장기보유특별공제	적용배제	적용(6~30%)
세율	기본세율+20~30%p	기본세율+10%p

그런데 이때 중과 대상 주택이나 토지가 단기양도에도 해당하는 경우에는 앞의 중과세율이 단기양도세율보다 산출세액이 더 적을 수 있다. 이에 소득세법에서는 하나의 자산에 두 개 이상의 세율이 적용되면 해당 세율을 적용하여 계산한 양도소득 산출세액 중 큰 것을 그 세액으로 한다(소득세법 제104조 제1항).

3 실전 연습

1. K씨는 보유한 1년 미만 보유한 주택을 처분하고자 한다. 이 주택
   은 3주택중과세 대상주택이다. 이 경우 양도세는?

구분	양도예상가액	취득가액	보유기간
주택	5억 원	1억 원	6개월

단기에 매매한 부동산이 중과세가 적용되는 경우에는 단기양도에 따른 세율과 중과세율 중 높은 세율을 적용한다. 일단 앞의 자료에 맞춰 양도세를 계산하면 다음과 같다.

구분	단기양도세율	중과세율
양도가액	5억 원	5억 원
− 취득가액	1억 원	1억 원
= 양도차익	4억 원	4억 원
− 장기보유특별공제	0원	0원
− 기본공제	0원(가정)	0원(가정)
= 과세표준	4억 원	4억 원
× 세율	70%	70%(40%+30%)
− 누진공제	0원	2,594만 원
= 산출세액	2억 8,000만 원	2억 5,406만 원

사례의 경우 단기양도세율에 의한 산출세액이 더 많으므로 2억 8,000만 원이 양도세가 된다. 한편 이외에 지방소득세가 별도로 10%가 부과된다. 이처럼 2년 미만 보유한 주택을 양도하면 단기양도세율과 중과세율 중 높은 세율로 양도세가 과세됨에 유의해야 한다.

2. 주택 중과세제도가 적용되지 않으면 앞의 K씨의 양도세는 얼마나 될까?

이 경우 1년 미만 보유를 했으므로 과세표준 4억 원에 70%의 세율을 적용하면 2억 8,000만 원이 산출된다. 이처럼 중과세가 적용되지 않더라도 단기양도를 하면 높은 세율에 의해 중과세의 효과가 발생한다.

⚠️ TIP 양도세율

① 주택(입주권 포함)

- 일반세율 : 70%, 60%, 6~45%
- 중과세율 : 6~45%+20~30%p(단, 입주권은 중과배제되며, 2년 이상 보유한 주택도 2022년 5월 10일~2025년 5월 9일까지 중과배제함)

② 주택분양권

- 일반세율 : 1년 미만 70%, 1년 이상 60%

③ 앞 외(토지·상가 등)

- 일반세율 : 50%, 40%, 6~45%
- 비사업용 토지 중과세율 : 6~45%+10%p

  ☞ 중과세되는 주택이나 비사업용 토지를 단기매매 시에는 다음 중 높은 세율로 세금을 계산한다. 이를 '비교과세'라고 한다.

- Max[단기양도세율, 중과세율]

  예를 들어 2주택 중과주택을 1년 미만 보유 후 양도하면 다음과 같이 세율을 적용한다는 것이다.

- Max[단기양도세율 70%, 중과세율 6~45%+20%p]

  2022년 12월 21일에 발표된 단기양도세율 완화안은 저자의 《2024 확 바뀐 부동산 세금 완전 분석》을 참조하기 바란다.

부동산 양도 시에는
부가가치세를 정복하라

상가 등 수익형 부동산을 경매로 취득한 후 이를 양도할 때에는 부가가치세와 양도세 처리에 주의해야 한다. 부가가치세는 건물공급가액의 10%가 되는데, 이를 잘못 처리한 경우에는 다양한 문제가 파생하기 때문이다. 한편 상가 등의 양도세도 주택 등처럼 고려할 요소가 많다.

1 기본 사례

K씨는 최근에 다음과 같이 낙찰을 받았다. 물음에 답하면?

자료

- 주택 : 전용면적 85㎡ 초과 주택
- 토지 : 나대지
- 상가

Q1 경매로 낙찰받을 때 부가가치세가 발생하는 부동산은?

부가가치세법 시행령 제18조에서는 경매를 통해 공급하는 재화는 공급에서 제외해 부가가치세 없이 거래할 수 있도록 지원하고 있다. 따라서 사례의 경우 모든 부동산에 대해 부가가치세가 발생하지 않는다.

※ 경매와 부가가치세의 관계

부가가치세법 시행령 제18조에서는 다음의 어느 하나에 해당하는 것은 재화의 공급으로 보지 않는다. 따라서 이에 대해서는 부가가치세가 발생하지 않는다.

1. 국세징수법 제66조에 따른 공매(같은 법 제67조에 따른 수의계약에 따라 매각하는 것을 포함한다)에 따라 재화를 인도하거나 양도하는 것
2. 민사집행법에 따른 경매(같은 법에 따른 강제경매, 담보권 실행을 위한 경매와 민법·상법 등 그 밖의 법률에 따른 경매를 포함한다)에 따라 재화를 인도하거나 양도하는 것
3. 도시 및 주거환경정비법, 공익사업을 위한 토지 등의 취득 및 보상에 관한 법률 등에 따른 수용절차에서 수용대상 재화의 소유자가 수용된 재화에 대한 대가를 받는 경우

Q2 앞의 부동산을 임대 시 부가가치세가 발생하는 것은?

주택을 제외한 토지와 상가의 임대 시에는 부가가치세가 발생하는 것이 원칙이다.

Q3 앞의 부동산을 매각 시 부가가치세가 발생하는 것은?

사업자가 전용면적 85㎡ 초과 주택(단, 임대용 주택은 제외)이나 상가를 공급하면 부가가치세가 발생한다. 단, 건물의 바닥에 있는 토지의 공급은 무조

건 부가가치세가 면세된다. 이는 생산요소에 해당하기 때문이다.

☞ 매매매사업자가 85㎡ 초과 주택을 양도하면 부가가치세가 과세될 수 있으나 임대한 후에 이를 양도하면 면세재화에 해당해 부가가치세가 발생하지 않는다. 실무상 사실 판단을 해야 하므로 상당히 주의해야 한다.

2 핵심 포인트

주택 등의 경매 시 부가가치세와 관련된 쟁점을 정리하면 다음과 같다.

주택

- 주택을 경매로 취득하면 부가가치세가 발생하지 않는다.
- 주택을 임대하면 전용면적의 크기에도 불구하고 부가가치세가 발생하지 않는다.
- 주택을 양도하면 임대용 주택은 부가가치세가 면세되나 매매용 주택은 그렇지 않다(단, 이 경우에도 토지는 면세).

토지

- 토지를 경매로 취득하면 부가가치세가 발생하지 않는다.
- 토지를 임대하면 임대 용역에 해당해 부가가치세가 발생한다.
- 토지를 양도하면 무조건 부가가치세가 발생하지 않는다.

상가

- 상가를 경매로 취득하면 부가가치세가 발생하지 않는다.
- 상가를 임대하면 부가가치세가 발생한다.
- 상가를 양도하면 부가가치세가 발생한다(토지는 면세).

K씨는 최근 상가 경매에 참여해 경락을 받았다. 자료가 다음과 같을 때 물음에 답하면?

자료

- 낙찰가격 : 5억 원
- 가게세입자 명도소송비용 : 1,000만 원
- 가게세입자 이사비용 : 1,000만 원
- 취득세 등 : 2,000만 원
- 기타 사항은 무시함.

Q1 이 상가를 일시임대한 후 2년 뒤에 7억 원에 양도한 경우 양도세는 얼마인가?

위의 자료에 따라 양도세를 계산하면 다음과 같다.

구분	금액	비고
양도가액	7억 원	
− 취득가액	5억 원	
− 기타필요경비	3,000만 원	이사비용은 제외
= 양도차익	1억 7,000만 원	
− 장기보유특별공제	0원	
− 기본공제	250만 원	
= 과세표준	1억 6,750만 원	
× 세율	38%	
− 누진공제	1,994만 원	
= 산출세액	4,371만 원	

Q2 이 상가 양도 시 발생하는 부가가치세는 어떻게 처리하는 것이 좋을까?

사업용 부동산의 경우 총공급가액 중 건물분에 대해서는 10%의 부가가치세가 발생한다. 따라서 다음과 같이 이에 대해 처리한다.

- IF 포괄양수도계약*으로 처리한 경우 → 부가가치세 없이 거래할 수 있다.
- IF 포괄양수도계약으로 처리하지 않는 경우 → 부가가치세를 징수해 신고 및 납부해야 한다.

  * 포괄양수도계약은 사업의 모든 권리와 의무가 그대로 매수인에게 승계되는 계약으로 이에 해당하면 부가가치세 없이 거래할 수 있다.

Q3 상가를 경매로 낙찰받은 경우 부가가치세가 없었는데 왜 이를 양도하면 부가가치세가 발생할까?

이는 부가가치세법상 재화의 공급에 해당하기 때문이다. 따라서 당초 낙찰받을 때 부가가치세 발생 여부와 관계없이 재화를 공급(양도)한 경우에는 이에 대해 부가가치세가 발생하게 된다.

☞ 토지와 건물을 일괄공급한 경우의 부가가치세 계산법

앞에서처럼 토지와 건물을 일괄적으로 공급한 경우 실지거래가액이 구분되지 않는다면 다음과 같이 토지와 건물가액을 안분해야 한다.

- 감정평가액이 있는 경우 → 이 금액으로 안분한다.
- 감정평가액이 없는 경우 → 기준시가로 안분한다.

부동산 매매업에 정통하라

부동산을 일시적으로 팔면 이는 소득세법상 양도소득으로 분류되어 양도세가 과세된다. 하지만 개인이 이를 사업적으로 팔면 소득세법상 사업소득으로 분류되어 사업소득세가 부과된다. 따라서 부동산을 어떤 지위에서 팔 것인가를 결정하는 의사결정이 매우 중요하다. 이 둘의 소득에 대한 과세체계를 비교해보자.

1 기본 사례

K씨는 이번에 주택 경매에 참여해 경락을 받았다. 자료가 다음과 같을 때 물음에 답하면?

- 낙찰가격 : 2억 원
- 세입자 이사비용 : 500만 원
- 취득세 등 : 300만 원
- 이 주택은 중과 대상 주택이 아님.

Q1 **이 주택을 2개월 뒤에 2억 2,300만 원에 양도한 경우 양도세는 얼마인가?**

우선 양도차익은 2,000만 원이 된다. 양도가액 2억 2,300만 원에서 경락가격 2억 원과 취득세 등 300만 원을 차감하면 2,000만 원이기 때문이다. 세입자 이사비용은 주택의 취득 및 양도 시 필수적인 비용이 아니므로 필요경비로 인정되지 않는다. 한편 장기보유특별공제는 보유기간 미달로 공제되지 않으나 기본공제 250만 원은 적용된다. 세율은 70%가 된다.

- 양도세 = (2,000만 원 – 250만 원) × 70%

    = 1,225만 원(지방소득세 포함 시 1,347만 5,000원)

Q2 **K씨가 주택 매매사업자로 등록해 사업성을 인정받았다면 이 경우 세금은 얼마인가?**

사례의 주택은 중과 대상 주택이 아니므로 보유기간에 관계없이 6~45%를 적용한다.

구분	금액	비고
수입금액	2억 2,300만 원	
– 필요경비	2억 800만 원	이사비용 500만 원 포함

구분	금액	비고
= 소득금액	1,500만 원	
× 세율(6~45%)	15%	
– 누진공제	126만 원	
= 산출세액	99만 원	
지방소득세 포함 시 총세금	1,089,000원	

양도세는 보유기간에 따라 세율이 달라지지만, 부동산 매매업의 경우에는 원칙적으로 종합소득세율인 6~45%가 적용된다. 참고로 사례의 주택이 중과 대상에 해당하면, 종합소득세와 양도세 중과세 중 많은 세액을 종합소득세로 내야 한다(비교과세).

2 핵심 포인트

양도소득보다 부동산 사업소득(사업소득의 일종)이 더 유리한 것 중의 하나는 바로 세율적용에 있다. 양도소득의 경우에는 보유기간에 따라 세율이 달라지나 사업소득은 보유기간에 관계없이 6~45%의 단일세율이 적용되기 때문이다. 이를 요약하면 다음과 같다.

보유기간	양도소득	사업소득
1년 미만	• 주택 : 70%, 60%, 6~45% • 토지 : 50%, 40%, 6~45%	6~45% (단, 중과 대상 부동산은 비교과세가 적용됨)
1~2년 미만		
2년 이상		

우선 보유기간이 1~2년 미만으로 짧으면 양도세는 40~70% 같은 높은 세율이 적용된다. 하지만 사업소득은 기본적으로 6~45%의 세율이 적용되므로 단기매매의 경우 사업소득이 유리하다고 할 수 있다. 다

만, 다주택자의 주택과 비사업용 토지의 경우에는 이를 규제하는 차원에서 비교과세제도를 적용하고 있다.

※ 중과 대상 주택과 비사업용 토지의 매매와 비교과세

중과 대상 주택이나 토지를 사업적으로 매매해 차익을 얻으면 매매사업자가 된다. 이때에는 비교과세제도(세액계산특례제도)가 적용된다.

- 이 제도는 매매사업자가 양도세 중과세를 회피하는 것을 규제하기 위해 도입되었다.
- 매매사업자가 중과 대상 주택이나 토지를 매매하면 양도세와 사업소득세 중 큰 금액으로 과세한다.

3 실전 연습

K씨는 현재 직장을 다니고 있다. 이번 해에 두 채를 경락받아 이를 단기에 매매했다. 자료가 다음과 같을 때 물음에 답하면?

자료

- 처분대상 주택

구분	취득가액	부대비용	양도가액	보유기간
첫 번째 주택	1억 3,500만 원	500만 원	1억 5,000만 원	6개월
두 번째 주택	1억 원	400만 원	1억 2,400만 원	6개월

- 기타 비용
  - 이자비용 등 총사업 관련 경비 3,000만 원

Q1 앞의 주택을 양도소득으로 신고하는 경우에는 세금이 얼마나 나올까?

앞의 처분소득이 양도소득에 해당하는 경우에는 다음과 같이 계산된다.

구분	첫 번째 주택	두 번째 주택	계
양도가액	1억 5,000만 원	1억 2,400만 원	2억 7,400만 원
- 취득가액 등	1억 4,000만 원	1억 400만 원	2억 4,400만 원
= 양도차익	1,000만 원	2,000만 원	3,000만 원
- 장기보유특별공제	0원	0원	0원
= 양도소득금액	1,000만 원	2,000만 원	3,000만 원
- 기본공제			250만 원
= 과세표준			2,750만 원
× 세율			70%
= 산출세액			1,925만 원*

* 지방소득세 192만 원은 별도로 부과된다.

Q2 앞의 주택의 처분소득이 사업소득에 해당하는 경우에는 세금은 얼마나 될까?

앞의 처분소득이 사업소득에 해당하는 경우에는 다음과 같이 계산된다. 공통비용은 자료에서 가정한 사업과 관련된 이자비용을 말한다.

구분	첫 번째 주택	두 번째 주택	계
매출	1억 5,000만 원	1억 2,400만 원	2억 7,400만 원
- 비용	1억 4,000만 원	1억 400만 원	2억 4,400만 원
- 공통비용	-	-	3,000만 원
= 당기순이익			0원

구분	첫 번째 주택	두 번째 주택	계
- 소득공제			0원
= 과세표준			0원
× 세율			-
- 누진공제			-
= 산출세액			0원

☞ 앞과 같이 똑같은 소득이라고 하더라도 소득의 성격을 어떤 식으로
분류하느냐에 따라 세금의 크기가 달라진다. 이 부분에 대한 해답을
찾는 것이 매우 중요하다.

심층분석 양도세 중과세 폐지에 따른 그 영향

주택에 대한 양도세 중과세가 풀리는 경우 세제의 변화 및 효과 등을 분석해보자.

1. 주택 중과세제도 폐지에 따른 세제의 변화 및 효과

1) 세제의 변화

주택 중과세제도가 폐지되는 경우 세제의 변화를 살펴보면 다음과 같다. 여기서 특이한 것은 중과세제도가 한시적으로 폐지되더라도 장기보유특별공제는 여전히 적용 배제될 수 있다는 것이다. 세율과 이 제도는 별개의 것이기 때문이다(단, 현행의 세제는 이 공제를 적용하고 있음).

구분	중과세제도 적용 시	중과세제도 폐지 시
세율	기본세율+20~30%p	기본세율
장기보유특별공제	적용 배제	6~30% 또는 0%

참고로 중과세가 한시적으로 폐지되는 경우 기간을 어떻게 할 것인가 등은 국회나 정부에서 정해진다. 새 정부에서는 주택 중과세제도는 그대로 둔 상태에서 '3년 이상 보유한 주택'에 대해서 2022년 5월 10일부터 3년간 한시적으로 중과배제를 단행했다(장기보유특별공제는 6~30% 적용).

2) 중과세 폐지로 인한 효과

양도세 중과세가 한시적으로나마 폐지가 되면 그동안 높은 양도세율 때문에 양도하는 것을 주저한 층에는 가뭄의 단비가 될 가능성이 크다.

양도를 통해 주택 수를 줄일 기회가 열리기 때문이다. 그 결과 시장에도 매물이 증가하는 등 긍정적인 신호가 전달될 것으로 보인다.

2. 양도세 중과세 폐지 시 주의할 점

양도세 중과세가 한시적으로 폐지되면 긍정적인 효과도 있지만, 주의할 점도 있다. 이를 정리해보자.

첫째, 합산과세에 주의해야 한다.
1년 내에 2회 이상 양도하면 이 둘의 양도차익을 합산하기 때문이다. 물론 양도차손이 발생하면 양도차익과 통산 가능하므로 이 경우에는 긍정적인 효과를 얻을 수 있다.

둘째, 단기매매 시에는 여전히 높은 세율이 적용된다.
중과세 제도가 적용되지 않더라도 단기매매 시에는 여전히 높은 세율이 적용됨에 유의해야 한다. 예를 들어 주택을 1년 미만 보유한 후 양도하면 70%와 같이 높은 세율이 적용된다.

셋째, 부동산 매매업의 경우에는 비교과세가 적용되지 않을 수 있지만, 법인의 경우에는 추가과세제도가 여전히 적용됨에 유의해야 한다. 비교과세는 종합소득세와 양도세 중과세 중 많은 세금을 내는 제도를 말하는데, 양도세 중과세가 폐지되면 일반세율로 종합소득세를 낼 수 있기 때문이다. 하지만 법인이 주택을 매매하면 일반법인세 외에 20%의 추가법인세를 내는데, 이는 양도세 중과세제도와 무관하게 작동되기 때문이다.

TIP 새 정부의 중과세 한시적 폐지와 세제의 변화

구분		현행	개정
개인	적용대상	• 주택 • 비사업용 토지	• 주택 : 한시적 폐지(단, 2년 이상 보유한 주택에 한함) • 비사업용 토지 : 계속 적용
	양도세 세율	기본세율+20~30%p	기본세율
	장기보유특별공제율	0%	6~30% ※ 조특법상 임대 주택은 50~70%
	연 2회 이상 양도 시	합산과세 적용	적용
	요건 충족한 장기임대 주택	• 자동말소 : 처분기한 없이 중과세 면제 • 자진말소 : 말소일로부터 1년 내 중과세 면제	한시적 기간 내 양도 시 중과세 면제(단, 2년 이상 보유한 주택에 한함)
	요건 미충족한 장기임대 주택	중과세 적용	중과세 면제 (2년 이상 보유한 주택에 한함)
부동산 매매사업자		비교과세 있음.	비교과세 면제(단, 2년 이상 보유한 주택에 한함)
법인		20%(토지는 10%) 추가과세	계속 적용

* 저자 주

새 정부에서 개정한 양도세 중과세 한시적 적용배제는 2년 이상 보유한 주택에 한하므로 2년 미만 주택들은 여전히 중과세제도가 살아있음에 유의해야 한다.

따라서 중과 주택을 개인이 단기양도하면 단기양도세율(70% 등)과 중과세율 중 높은 세율이 적용되며, 이러한 주택을 부동산 매매사업자가 양도하면 비교과세(양도소득세와 종합소득세 중 많은 세액을 납부)제도가 적용됨에 유의해야 한다.

제 3 장

부동산 매매업의
장점과 단점

부동산 매매업은
무엇을 의미할까?

부동산 매매업에 관한 관심이 점점 많아지고 있다. 더는 일반 개인으로는 투자하기도 힘들거니와 법인을 세워 투자하는 것도 망설여지는 까닭에서다. 그렇다면 매매업을 무턱대고 하면 될까? 아니다. 그렇게 하면 도움이 되기는커녕 애물단지가 될 수 있다. 이러한 관점에서 부동산 매매업은 무엇을 의미하는지, 그리고 이의 장단점 등은 무엇인지부터 순차적으로 알아보자.

1 부동산 매매업이란

1) 통계청의 한국표준산업분류

한국표준산업분류표에서는 부동산 매매업에 대해 별도로 정의하지 않고, '(비)주거용 건물 개발 및 공급업'의 범위에 이를 포함해 정의하고 있다.

구체적으로 주거용 건물 개발 및 공급업의 범위에 대해 다음과 같이 설명하고 있다.

> 직접 건설활동을 수행하지 않고 전체 건물 건설공사를 일괄 도급하여 주거용 건물을 건설하고, 이를 분양·판매하는 산업활동을 말한다. 구입한 주거용 건물을 재판매하는 경우도 포함한다.

위의 후단을 보면 '구입한 주거용 건물(주택)을 재판매'하는 경우도 이의 범위에 포함함을 알 수 있다.

2) 국세청의 업종분류

국세청에서는 조세행정을 위해 업종분류를 하고 있는데, 앞의 한국표준산업분류표를 활용하고 있다. 다음 표를 참조하기 바란다. 참고로 앞의 통계청 한국표준산업분류는 통계 작성을 위해 만들어진다.

업종 코드*1	세분류	세세분류	적용범위 및 기준	단순경비율*2	기준경비율
703011	부동산 개발 및 공급업	주거용 건물 개발 및 공급업	• 직접 건설활동을 수행하지 않고 전체 건물건설공사를 일괄 도급해 주거용 건물을 건설하고, 이를 분양·판매하는 산업활동을 말한다. 구입한 주거용 건물을 재판매하는 경우도 포함한다(토지 보유 5년 미만). 〈제외〉 • 토지 보유 5년 이상(→703012)	82.1%	9.3%

업종 코드*1	세분류	세세분류	적용범위 및 기준	단순경비율*2	기준경비율
703012	부동산 개발 및 공급업	주거용 건물 개발 및 공급업	• 주거용 건물매매업(토지 보유 5년 이상) − 구입한 주거용 건물 재판매 〈제외〉 • 토지 보유 5년 미만(→703011)	70.0%	11.2%

*1. 국세청이 세원관리를 위해 업종별로 부여하는 전산코드를 말한다.

*2. 사업자가 장부를 작성하지 않을 때 정부에서 정한 경비율로 신고할 수 있는 제도를 말한다. 제7장에서 살펴본다.

3) 세법상의 부동산 매매업

현행 소득세법이나 부가가치세법 등에서는 앞의 분류표와는 다르게 별도로 부동산 매매업에 관한 정의를 하면서 이에 대해 법을 적용하고 있다. 예를 들어 소득세법 기본통칙에서는 다음과 같이 열거된 행위를 부동산 매매업종으로 분류하고 있다.

※ 소득세법 기본통칙 64-122…1(부동산 매매업 등의 업종구분)

부동산 사업의 일종인 부동산 매매업의 범위는 다음과 같다.

1. 부동산의 매매(건물을 신축하여 판매하는 경우를 포함한다) 또는 그 거래를 사업목적으로 나타내어 부동산(부동산을 취득할 수 있는 권리를 포함한다)을 매매하거나 사업상의 목적[1]으로 부가가치세법상 1과세기간 내에 1회 이상 부동산을 취득하고 2회 이상 판매하는 경우(삭제, 2019.

---

1) 부동산 매매 또는 그 중개를 사업목적으로 나타내는 경우란 사업자등록, 정관, 법인등기 부등본, 분양공고문, 광고지, 부동산 중개업소 확인, 기타사실에 의해 독립된 사업으로 부동산 매매업을 영위함이 객관적으로 확인되는 경우를 말하는 것으로, 그 자체가 사업이라 할 수 있으므로 부동산의 취득 또는 판매 회수 등에 관계없이 부동산 매매업을 영위하는 것으로 본다.

2. 자기의 토지 위에 상가 등을 신축*하여 판매할 목적으로 건축 중인 건축법에 의한 건물과 토지를 제3자에게 양도한 경우

> * 상가나 오피스텔 등 수익형 부동산을 신축판매하면 부동산 매매업에 해당됨에 주의해야 한다. 주택을 신축판매하는 업은 부동산 매매업이 아닌 건설업에 해당한다.

3. 토지를 개발하여 주택지·공업단지·상가·묘지 등으로 분할 판매하는 경우

☞ 실무에서는 사업자등록을 하고 매매업을 영위하는 경우가 일반 적이다. 그런데 영리목적의 유무와 상관없이 1과세기간 중 1회 이상 취득하고 2회 이상 판매하는 경우에는 사실상 계속 반복적 인 공급행위로서 부동산 매매업을 영위하는 것으로 본다(재부가 22601-772, 1991. 6. 13). 다만, '부가가치세법상 1과세기간 내에 1회 이상 부동산을 취득하고 2회 이상 판매하는 경우'는 하나의 예시 일 뿐 이렇게 한다고 해서 무조건 부동산 매매업으로 보는 것은 아님에 유의할 필요가 있다(대법원 97누12785, 1998. 2. 10). 따라서 앞 의 규정상의 판매횟수에 미달하는 거래가 발생했다고 하더라도 그 과세기간 중에 있는 거래의 사업성이 부정되는 것은 아니라고 할 것이다(대법원 97누17797, 1999. 9. 17 등).

☞ 대법원의 판례 등에 맞춰보면 부가가치세법상 취득 및 양도 회수 는 그렇게 중요한 요건이 아닌 것으로 보인다. 그 대신 사업의 내 용에 따라 부동산 매매업인지 아닌지가 결정될 것으로 보인다.

---

2) 이 부분이 2019년 12월에 삭제되었는데 소득세법에서는 사실 판단을 통해 부동산 매매 업인지의 여부를 결정하겠다는 취지가 있는 것으로 보인다. 그러나 이런 식으로 세법을 적용하면 과세관청의 판단에 따라 과세방식이 달라질 수 있고, 그 결과 납세자에게 불이 익을 줄 가능성이 커질 수 있으므로 가급적 규정을 명확히 하는 것이 필요해 보인다.

2 적용 사례

K씨의 사례를 통해 앞의 내용들을 확인해보자.

자료

- 부동산 매매업으로 사업자등록함.
- 2023년 3회 이상 취득, 0회 양도

Q1 K씨는 부동산 매매사업자로 인정받을 수 있는가?

사업자등록을 했으니 일단 그렇게 볼 가능성이 크다. 이 상태에서 취득한 부동산은 사업용 부동산에 해당한다고 할 수 있다.

Q2 만일 K씨가 사업자등록을 하지 않았다고 하자. 이 경우 과세관청은 매매사업자로 볼 수 있을까?

아니다. 앞에서 제시된 '1과세기간(1. 1~6. 30 또는 7. 1~12. 31) 중에 1회 이상 부동산을 취득하고 2회 이상 판매하는 경우'에 해당하지 않아서 사업자로 간주할 수는 없을 것이다(단, 이러한 기준은 소득세법에서는 그렇게 중요하지 않아 보아 보인다).

Q3 만일 K씨가 사업자등록을 하지 않았다고 하자. 이 상태에서 '1회 이상 취득+2회 이상 판매'했다고 한다면 과세관청은 100% 매매사업자로 볼까?

가능성은 크지만 100%는 아니다. 이 기준은 참고사항일 뿐이지 절대적인 것은 아니기 때문이다.

부동산 매매업에서 가장 중요한 것 중의 하나는 바로 소득의 분류에 해당한다. 부동산의 매매로 얻은 소득이 사업소득에 해당하면 종합소득세가 과세되고 양도소득에 해당하면 양도세가 과세되기 때문이다. 이러한 소득분류는 과세관청의 사실 판단에 따라 그 내용이 달라질 수 있으므로 늘 주의해야 한다. 다만, 소득분류가 잘못되어 세금이 추징되더라도 신고불성실가산세는 부과되지 않는다.

2

부동산 매매업의 장점

부동산 매매업은 개인이 사업자등록을 내고 부동산을 상품으로 사고 파는 행위를 업으로 하는 사업활동을 말한다. 이에 세법은 예전부터 이의 소득을 사업소득으로 보고, 이에 대한 과세방식을 별도로 정하고 있다. 이하에서는 우선 부동산 매매업이 양도소득에 비해 어떤 장단점이 있는지 이를 정리해보자. 다음은 장점에 해당하는 내용이다.

1 단기매매 시 세율 적용에서 유리

중과세가 적용되지 않은 부동산은 단기매매 시 세율 측면에서 매매 업이 유리하다. 양도소득은 보유기간에 따라 세율이 달라지나 사업소 득은 6~45%의 단일세율이 적용되기 때문이다. 따라서 다음 표처럼 단기양도에 따른 양도세율이 70% 또는 60%가 적용된 상황에서는 사 업소득이 유리하다. 사업소득으로 부과되면 장단기 보유를 불문하고

6~45%가 적용되기 때문이다.

주택	주택 외(토지 등)
• 1년 미만 : 70% • 1~2년 미만 : 60% • 2년 이상 : 6~45%	• 1년 미만 : 50% • 1~2년 미만 : 40% • 2년 이상 : 6~45%

예를 들어 보유기간이 1년 미만인 주택을 양도했는데 양도차익이 1억 원일 경우 양도세와 종합소득세를 비교하면 다음과 같다.

- 양도세 = 7,000만 원(1억 원 × 70%)
- 종합소득세 = 1,956만 원(1억 원 × 35% - 1,544만 원)

☞ 그런데 중과세 대상 주택과 토지는 양도세와 종합소득세 중 많은 세액을 산출세액으로 하는데, 이는 매매사업자의 단점에 해당한다. 뒤에서 별도 정리한다.

② 경비처리에서 유리

양도소득의 경우 취득 및 양도 시에 필수적으로 들어간 비용을 양도 차익에서 공제하나 사업소득의 경우에는 이들은 물론이고 사무실 유지비나 인건비, 그리고 이자비용이나 차량유지비 등 각종 비용을 공제한다. 따라서 경비의 활용도 측면에서는 매매사업자가 훨씬 더 유용성이 있다고 할 수 있다. 다만, 매매사업자에게 중과세가 적용되는 경우에는 이런 경비를 활용할 수 없다. 매매차익에 대해 중과세를 적용할 때에는 개인이 양도세 중과세를 적용받는 것과 같은 효과를 내도록 법이 규정되어 있기 때문이다. 이러한 내용을 표로 정리하면 다음과 같다.

양도소득 필요경비	사업소득 필요경비	
	비과세가 적용되지 않는 경우	비과세가 적용되는 경우
• 취득가액 • 자본적 지출	좌동	좌동
–	• 인건비 • 이자 등 사업 관련 비용	–

③ 다른 소득의 결손금 통산에서 유리

양도소득의 경우에는 당해 연도 양도소득에서 발생한 양도차손익만을 통산할 수 있고, 다른 소득과는 통산할 수 없다. 그런데 사업자의 경우에는 다른 소득에서 발생한 결손금이 있거나 부동산 매매업에서 발생한 결손금이 있다면, 이들의 결손금을 다른 소득에 통산할 수 있다. 이렇게 되면 전체 세금이 줄어들 수 있다.

구분	결손금	이월결손금
양도소득	당해 연도의 결손금은 당해 연도의 양도차익과 통산 가능	이월해 통산 불가
사업소득	당해 연도의 결손금은 당해 연도의 근로소득, 사업소득 등과 통산 가능	15년간 이월해 다른 소득금액에서 통산 가능(비과세가 적용되는 경우에는 이월공제 불가)[3]

---

3) 서면-2015-소득-2469 [소득세과-273], 2016. 2. 24

귀 질의의 경우, 부동산 매매업만을 영위하는 사업자가 소득세법 제45조(결손금 및 이월결손금의 공제)에 따라 발생되고 남은 해당 결손금에 대해서 같은 법 제64조(부동산 매매업자에 대한 세액계산의 특례) 제1항 제1호의 적용 시에는 결손금이 발생한 과세기간의 종료일부터 10년 이내에 끝나는 과세기간의 소득금액을 계산할 때 공제하는 것이며, 같은 항 제2호(비과세를 말함)의 적용 시에는 해당 결손금을 공제할 수가 없음.

Ⓠ K씨는 매매업과 학원업을 동시에 운영하고 있다. 그런데 학원업을 하면서 1억 원의 소득금액이 발생했으나 매매업에서는 1억 원의 손실이 발생했다. 이 경우 둘의 차손익은 통산할 수 있는가?

둘 모두 사업소득에 해당하므로 당연히 통산할 수 있다.

4 사업자의 거주 주택에 대한 양도세 비과세에서 유리

양도소득으로 처리하는 경우에는 거주자의 주택으로 구분하므로 이에 대해서는 주택 임대사업자등록을 해서 5년간 임대하지 않는 이상 양도세 비과세를 받을 수 없게 된다(이에 대한 조건도 매우 까다롭다). 한편 매매사업자의 거주 주택은 원칙적으로 양도세를 비과세 받을 수 있다. 이를 표로 정리하면 다음과 같다.

구분	거주 주택의 비과세 여부	비고
비사업자인 경우	과세원칙	단, 비거주 주택을 임대 주택사업자등록을 해서 5년 이상 임대 시는 비과세 가능
매매사업자인 경우	비과세 가능	-

☞ 주택에 대해 비교과세가 적용되지 않으면 법인보다 매매사업자가 더 유리할 가능성이 크다는 점도 매매사업자의 장점에 해당한다. 법인 주택의 경우 양도세 중과세와 관계없이 무조건 추가법인세(20%)를 부과하고 있기 때문이다.

일단 양도세 중과세가 적용되지 않는 다음과 같은 상황에서 이 사업형태가 유리하다.

- 단기매매한 경우 → 중과세가 적용되지 않는 경우 양도세에 비해 훨씬 저렴하다.
- 이자비용이 많이 들어간 경우 → 이자비용을 공제받을 수 있다.
- 인건비가 들어간 경우 → 사업과 관련된 종업원의 인건비도 공제를 받을 수 있다.
- 기타 일반관리비가 많이 발생하는 경우 → 교통비나 차량비 등도 공제를 받을 수 있다.
- 사업에서 발생한 결손금이 있는 경우 → 매매사업소득과 이를 통산할 수 있다.
- 매매사업자의 거주 주택을 양도하고자 하는 경우 → 비과세를 받을 수 있다 (단, 거주 주택외 주택은 매매사업용임을 입증해야 함).

부동산 매매업의 단점

사업소득이 항상 좋은 것만은 아니다. 어떤 경우에는 양도소득보다 불편할 수도 있고, 법인보다 더 못한 경우도 있다. 물론 아무런 효과가 없는 경우도 있다. 이러한 점들을 구별할 수 있어야 매매업에 대한 확신을 가질 수 있을 것이다. 이하에서 부동산 매매업의 단점에 대해 알아보자.

1 취득세와 보유세가 많다

부동산 매매사업자가 부동산을 취득하거나 보유하면 일반 개인처럼 취득세와 보유세를 부담해야 한다. 그런데 문제는 2020년 7·10대책에 따라 이들이 부담해야 하는 취득세와 보유세가 크게 증가되었다는 것이다.

구분	취득세	종부세
일반	1~3%	0.5~2.7%
중과세	8~12%	2.0~5.0%

2 비교과세가 적용되면 매매업의 실익이 없어진다

중과세 대상인 주택과 토지에 대해서는 비교과세가 적용되므로 양도소득과 사업소득의 세금 차이가 없어진다. 중과세되는 양도세로 세금을 내야 하기 때문이다. 따라서 이 경우에는 굳이 개인이 매매업을 등록할 이유는 없다. 사례를 들어 매매업에 대한 과세방식을 대략 알아보자.

사례

K씨가 1년 미만 보유한 중과세가 적용되는 주택의 양도차익이 1억 원이라고 할 때 내야 할 세금은 얼마인가? 단, 기본공제는 적용하지 않고 세율은 70%를 적용한다. K씨는 매매사업자에 해당한다.

매매사업자가 매매한 중과세 대상 주택은 ① 양도세와 ② 종합소득세 중 큰 금액으로 과세한다.

① 양도세 = 1억 원 × 70% = 7,000만 원
② 종합소득세 = 1억 원 × 6~45%
           = 1,956만 원(1억 원 × 35% - 누진공제 1,544만 원)

3 매매사업자의 거주용 주택에 대해서는 비과세 받기가 힘들 수 있다

앞의 부동산 매매업의 장점 중 하나는 거주용 주택에 대해서는 비과세를 받을 수 있다는 것이다. 그런데 여기에서는 비과세 받기가 힘들다고 한 것은 무슨 이유에서일까?

이는 다름이 아니라 원래 매매사업자의 사업용 주택은 거주자의 주택 수에서 제외되므로 거주용 주택이 1세대 1주택이라면 비과세가 가능하나, 이때 사업용 주택임을 입증해야 한다는 점이 상당히 난해할 수 있다. 이는 사실 판단의 문제이기 때문이다. 사례를 통해 이를 확인해 보자.

사례

K씨는 현재 2주택자에 해당한다. 그는 매매사업자등록을 내고 난 후 1주택을 사업용으로 신고했다고 하자. 이 상태에서 남은 1주택을 양도하면 비과세를 받을 수 있을까?

이러한 문제는 실무에서 상당히 논란거리가 된다. 원래 부동산 매매업용으로 보유한 재고자산은 거주자의 1세대 1주택 양도세 비과세 판단 시 주택 수에서 제외되나, 무조건 이를 인정하는 것이 아니라 관할 세무서장이 사실 판단을 하기 때문이다. 따라서 이 사례의 경우 양도세 비과세를 받기가 상당히 곤란할 것으로 보인다. 다음의 예규를 참조하기 바란다.

사실관계

– 2004년 1월 27일에 주택 매매사업자로 등록하고 매매사업용으로
매입한 2채를 보유하고 있으며 매매사업 이전부터 보유하고 있는 1
주택을 매도하려고 하고 있음.

질의내용

– 앞의 양도하는 주택의 1세대 1주택 비과세 규정을 적용할 수 있는
지 여부에 대하여 질의함.

회신

소득세법 제89조 제1항 제3호 및 같은 법 시행령 제154조 제1항에
의한 '1세대 1주택'을 판정함에 있어서 부동산 매매업자 및 주택 신축
판매업자의 판매용 재고 주택은 주거용 주택으로 보지 아니하는 것이
나, 귀 사례의 매매사업용으로 취득한 주택이 매매사업용 재고 주택
에 해당하는지 여부에 대하여는 부동산 매매의 규모 · 거래횟수 · 반
복성 등 거래에 관한 제반사항을 종합하여 판단하는 것임.

☞ 매매사업자가 본인이 거주한 주택을 비과세로 양도하고자 하는
경우에는 사전에 이러한 문제를 파악할 수 있어야 한다.

4 85㎡ 초과 주택은 부가가치세가 부과될 수 있다

매매사업자가 전용면적 $85\,m^2$ 초과 주택을 매매하면, 이를 재화의 공급
으로 보아 부가가치세가 발생하는 것이 원칙이다. 다만, 이를 임대한 후

에 공급한 경우에는 면세재화의 공급으로 보아 부가가치세가 면제된다.

※ 부동산 매매업과 부가가치세 관리

- 기존 부동산을 회사로부터 구입하면 매입 시의 부가가치세는 환급이 가능하다.
- 기존 부동산을 개인으로부터 구입하면 환급받을 부가가치세는 없다.
- 매매사업자가 소비자에게 단순 매매하는 경우에는 부가가치세를 별도로 받아 이를 국가에 납부해야 한다. 단, 전용면적 85㎡ 이하의 주택과 토지의 공급에 대해서는 부가가치세가 면세된다.
- 부가가치세가 발생할 가능성이 있는 경우에는 일정 기간 임대한 후에 이를 매매하면 부가가치세를 없앨 수 있다. 이외에 포괄양수도계약을 통해서도 부가가치세 없이 거래할 수 있다.

5 기타 건강보험료 등이 추가될 수 있다

이외에도 다음과 같은 단점이 있을 수 있다.

- 매매소득 외에 근로소득 등이 있으면 소득세가 합산과세된다. 따라서 이 금액이 클 경우 1인 부동산 법인이 더 유용할 수 있다.
- 건강보험료가 추가될 수 있다.
- 장부 작성 등 관리비용이 추가될 수 있다.
- 사업성 등에 대한 세무조사의 위험성이 있다.

심층분석 1 ▶ 사업소득과 양도소득의 구분

부동산 매매업은 한국표준산업분류표상의 사업업종에 해당하고, 이에 의해 발생한 소득은 세법상 사업소득의 하나에 해당한다. 따라서 이의 소득을 발생시킨 사업자는 소득세나 법인세를 내게 된다. 하지만 비사업자의 지위에서 양도하는 소득은 양도소득이 된다. 이처럼 동일한 부동산에서 발생한 소득이 여러 가지 형태로 나뉘면서 세금의 종류가 달라진다는 특징이 있다. 이하에서 사업소득과 양도소득을 구분하는 방법에 대해 알아보자.

1. 사업소득과 양도소득의 구분

실무에서 소득의 구분은 어떤 법을 적용할 것인지를 결정하는 아주 중요한 요소가 된다. 사업소득에 해당하면 종합소득세로, 양도소득에 해당하면 양도세로 과세되기 때문이다. 알다시피 이 둘의 세금계산구조는 확연히 다르다. 한편 이러한 소득 구분은 거주 주택의 양도세 비과세 판단에도 지대한 영향을 미친다.

그렇다면 이에 대해 어떤 식으로 판단해야 할까? 일단 다음의 양도세 집행기준을 참조하자.

※ 양도세 집행기준 94-0-3[사업소득 또는 양도소득의 판단 기준]

> 부동산의 매매로 인한 소득이 사업소득 또는 양도소득인지 여부는 그 매매가 수익을 목적으로 하고 있는지 또는 규모·횟수·태양 등에 비추어 사업활동으로 볼 수 있을 정도의 계속성과 반복성이 있는지 등을 고려하여 판단한다.

앞의 내용을 조금 더 분석해보자.

첫째, 그 매매가 '수익'을 목적으로 하는 있는지의 여부다.
여기서 수익이라는 것은 사업활동을 통해 발생하는 수입을 말한다.

둘째, 사업활동으로 볼 수 있을 정도의 계속성과 반복성이 있는지의 여부다.

양도와 사업의 구분은 부동산의 매매가 계속성과 반복성이 있는지의 여부가 중요하다. 만일 양도가 일회적이면 양도소득, 사업상 양도가 계속·반복적이면 사업소득으로 인정될 수 있다. 여기서 '사업상'이란 '사업과 관련해', '사업을 위해', '사업에 있어서의'의 의미가 있다. 따라서 부가가치를 창출할 정도의 실체적 사업조직을 갖추어 사회통념상 사업성을 인정할 수 있을 만큼의 독립성을 가지고 계속적, 반복적 활동이 이루어지는 경우 사업상 목적이 있는 것으로 보는 것이다.

☞ 부동산의 양도에 따른 소득이 사업소득이 되기 위해서는 다음과 같은 요건들을 충족하면 좋을 것으로 보인다.

- 사업장을 별도로 갖출 것
- 부동산 매매업으로 등록할 것
- 부가가치세나 면세사업장현황신고를 할 것
- 장부를 작성할 것
- 종합소득세 신고를 할 것(재무제표를 작성해 같이 제출)

☞ 이외 부동산계약 시 사업자등록번호 등을 기재하는 것도 생각해 볼 수 있다.

2. 일시임대 후 양도한 경우의 소득 구분 사례(주택 신축판매업)

앞의 내용을 보면 양도자산의 취득 목적이 '매매 목적'이면 사업소득, '임대 목적'이면 양도소득이 된다. 그렇다면 당초 매매 목적인 부동산을 잠시 임대한 상태에서 양도하면 사업소득이 될까, 양도소득이 될까?

실제 이처럼 일시임대를 한 상태에서 양도하면 이의 소득이 사업소 득인지, 양도소득인지 이를 구분하지 못해 세무상 위험이 증가하고 있는 것이 현실이다. 다음 사례를 통해 이 문제를 해결해보자.

자료

- 5년 전 다세대주택을 10세대 신축
- 미분양으로 5년간 임대업을 영위한 후에 이를 양도함.

Q1 주택 신축판매사업자가 일시임대한 후에 매매하면 사업소득인 가, 양도소득인가?

일반적으로 분양이 되지 않아 장부상 재고자산으로 회계처리한 후 판매될 때까지 임대하다가 당초 사업목적에 따라 당해 건물을 판매한 경우에는 판매 목적으로 신축한 재고자산의 판매로 보아 사업소득으로 과세된다.

☞ '일시'는 얼마를 말하는가?

이에 대해서는 법에서 정한 바가 없다. 따라서 사실관계 확인을 거쳐 이에 대한 결론이 날 가능성이 크다(이는 세무 리스크를 가중시키는 원인이 된다).

Q2 만일 앞의 사례자가 해당 주택을 임대등록했다면 이 자산은 재고자산에 해당하는가, 유형자산에 해당하는가? 그리고 이 경우 양도에 따른 소득은?

이처럼 거주자가 건물을 판매 목적으로 신축했으나 장기간 분양되지 않아 임대사업으로 전환한 경우에는 해당 자산은 유형자산(사업용 고정자산)으로 장부상 등재해 감가상각할 수 있다. 이러한 자산을 양도해 발생한 소득은 양도소득에 해당한다.

☞ 취득한 부동산을 재고자산이나 유형자산으로 계상하는 방법은 제8장을 참조하기 바란다.

Q3 사례처럼 '5년' 정도 임대한 후에 이를 양도하면 사업소득인가, 임대소득인가?

이에 대해서는 단정적으로 답변할 수 없다. 이는 사실 판단을 통해 결정되어야 할 사안이기 때문이다. 실제 실무에서는 이러한 상황에 대해 주택신축판매업의 대외적인 표방 여부, 사업자등록 관계, 신축 목적, 판매 목적, 판매 경위, 그 상대방과의 관계, 부동산 거래의 태양이나 규모 및 횟수, 그 양도가 수익을 목적으로 하고 있는지 등의 사업성 유무를 종합적으로 고려해 소관세무서장이 사실 판단할 사항으로 본다.

※ 참고 : 소득46011-485, 2000. 4. 22

1. 부동산 임대사업에 직접 사용하는 건축물 등은 소득세법 시행령 제62조 제2항의 규정에 의하여 감가상각자산에 해당하는 것이나 판매 목적으로 취득한 부동산을 일시적으로 임대하다가 판매하는 경우에는 사업용 고정자산에 해당하지 아니하는 것임.

2. 임대 목적으로 취득한 부동산을 임대하다가 단순히 양도하는 경우에는 양도소득으로 과세하는 것이며, 판매 목적으로 취득한 부동산을 일시적으로 임대하다가 판매하는 경우에는 부동산 매매업으로 과세하는 것이므로 질의의 경우 양도소득인지, 사업소득인지는 이에 따라 사실 판단할 사항임.

※ 소득46011-233, 1999. 10. 25

1. 판매를 목적으로 다가구주택 또는 다세대주택(다가구주택을 다세대주택으로 용도변경하는 경우 포함)을 신축하여 양도하는 경우에는 건설업에 해당하고, 판매를 목적으로 이를 매입하여 양도하는 경우에는 부동산 매매업에 해당하며, 임대용으로 이를 신축하거나 매입하여 **다년간 임대용**으로 사용하다가 양도하는 경우에는 양도소득에 해당함.
2. 부동산의 양도가 사업소득(건설업, 부동산 매매업)에 해당하는지, 양도소득에 해당하는지 여부는 그 규모, 횟수, 태양 등에 비추어 사업활동으로 볼 수 있을 정도의 계속성과 반복성이 있는지의 여부 등을 고려하여 사회통념에 따라 사실 판단할 사항임.

3. 일시임대 후 양도한 경우의 소득 구분 사례(주택 매매업)

자료

- 재고 주택 3채
- 현재 모두 임대 중에 있음.

Q1 앞의 주택을 일시임대한 후에 양도하면 해당 소득은 사업소득인가, 양도소득인가?

일시임대에 해당하는 경우 취득 목적은 '매매 목적'이므로 사업소득에 해당한다.

Q2 앞의 주택을 장기간 임대한 후에 양도하면 해당 소득은 사업소득인가, 양도소득인가?

이 경우에는 일시임대가 아니므로 '임대 목적'으로 보아 양도소득에 해당하는 것으로 보인다.

Q3 '일시임대'와 '장기임대'는 어떤 식으로 구분하는가?

법에서 이에 대해 명확한 규정을 두고 있지 않다. 따라서 실무에서는 사실 판단을 할 수밖에 없을 것으로 보인다.

※ **소득세법 기본통칙 19-122…1**(부동산 매매의 목적으로 취득한 부동산의 일시적 대여의 소득 구분)

① 부동산 매매업 또는 건설업자가 판매를 목적으로 취득한 토지 등의 부동산을 일시적으로 대여하고 얻는 소득은 부동산 임대업에서 발생하는 소득으로 본다.

② 제1항의 경우에 부동산 임대업의 소득금액계산상 필요경비에 산입된 감가상각비 등은 부동산 매매업자의 필요경비 계산 시 취득가액에서 공제한다.

※ 소득, 법규소득2014-519, 2014. 11. 18

[제목]

부동산 매매업자의 재고자산을 장기간 임대 후 매매 시 소득 구분

[요지]

부동산 매매업에서 부동산 임대업으로 업종을 사실상 전환하여 당초 재고자산인 부동산을 고정자산으로 계상하고 추후 이를 매각하는 경우 양도소득에 해당하는 것이나, 부동산 매매의 규모·거래횟수·반복성 등 거래에 관한 제반사항을 종합적으로 판단하여 사업성의 인정 여부에 따라 사업소득이나 양도소득으로 구분하는 것임.

※ 저자 주

주택을 신축해 일시임대한 경우에는 대부분 사업소득으로 인정받을 수 있으나 기존주택을 구입해 일시임대한 경우에는 사업소득으로 인정받기가 힘들 수 있음에 유의해야 한다. 사실관계를 따져 이에 대한 판단을 하기 때문이다. 따라서 실무적으로는 세무전문가의 의견을 들어 최종적으로 결정하는 것이 좋을 것으로 보인다. 참고로 소득세법에서는 소득분류에서 오류가 발생한 경우 신고불성실가산세를 부과하지 않도록 하고 있다. 알아두면 좋을 정보에 해당한다.

심층분석 2 부동산 매매업 세금 어떻게 관리해야 할까?

현재 일반 개인이 경매 등을 통해 투자하는 게 쉽지 않은 것이 현실이다. 취득세와 보유세도 많지만, 단기양도에 따른 양도세도 사실상 중과세가 적용되기 때문이다. 그래서 그 대안으로 부동산 매매사업(개인, 법인)을 생각하게 된다. 그렇다면 개인이 부동산 매매업을 영위하는 경우 취득세부터 양도세를 어떤 식으로 관리해야 하는지 알아보자. 법인에 대한 세금 문제는 저자의 《1인 부동산 법인 하려면 제대로 운영하라》를 참조하기 바란다.

첫째, 부동산 매매업의 실익분석을 정확히 해야 한다.

현재 개인의 세제는 취득세부터 양도세까지 중과세로 되어 있다. 매매사업자의 경우에도 마찬가지인데, 따라서 이들도 이들의 세금 관리에 만전을 기할 필요가 있다. 이때 양도세 중과세 대상인 부동산은 종합소득세가 비교과세되므로 이 부분을 특히 고려할 필요가 있다.

☞ 부동산 매매업에 대한 실익이 있으려면 취득세와 보유세를 최대한 낮추고 양도세 중과세를 적용받지 않아야 한다. 따라서 이를 위해서는 투자 대상 주택을 잘 선정하는 한편, 주택 수와 양도시기 등을 적절히 맞출 수 있어야 할 것으로 보인다. 다만, 주택의 경우 중과세제도가 한시적 또는 영구적으로 폐지되면 중과세 판단을 할 필요가 없어진다. 이처럼 세제가 단순해지면 부동산 매매업에 관한 관심이 한층 더 커질 것으로 보인다(그런데 새 정부에서는 저자의 예상

과는 달리 2년 보유한 주택에 한해 중과배제를 하므로 부동산 매매업에 대한 실익이 다소 제한적일 것으로 보인다. 2년 미만 보유한 주택은 여전히 중과세제도가 작동되기 때문이다. 다만, 최근 서울 강남구 등 4구를 제외한 전 지역을 조정대상지역에서 해제했기 때문에 부동산 매매업에 실익이 커질 것으로 보인다. 참고로 법인과의 비교 문제는 부록을 참조하기 바란다).

둘째, 부동산 매매업을 영위 중에 해당 부동산을 임대하면 소득분류에 주의해야 한다. 임대소득(일시임대소득은 제외)이 발생한 부동산을 처분하면 종합소득세가 아닌 양도세로 신고해야 하기 때문이다. 따라서 실무적으로 장기임대와 일시임대의 구분을 정확히 할 수 있어야 한다.

- 장기임대 → 임대등록을 했거나 장기간 임대한 후에 양도 시에는 부동산 임대업을 영위한 것으로 보고 양도세로 부과
- 일시임대 → 일시임대 후 양도 시에는 부동산 매매업을 영위한 것으로 보고 종합소득세로 부과

☞ 실무상 이 부분에서 상당한 혼란이 발생하므로 반드시 세무 전문가를 통해 일 처리를 하는 것이 좋을 것으로 보인다.

셋째, 거주 주택 비과세를 받을 때는 최대한 보수적인 관점에서 처리해야 한다.

매매사업용 주택 외의 거주 주택이 1세대 1주택이면 비과세가 적용될 수 있지만, 이때 매매사업용 주택이 개인용 주택으로 둔갑할 수 있기 때문이다. 따라서 재고 주택을 보유한 상태에서는 거주 주택에 대한 비과세처리는 매우 신중하게 해야 한다.

- 재고 주택 1채+거주 주택 1채 → 재고 주택 선 양도 후 거주 주택 양도(2022년 5월 10일부터는 양도하는 주택이 1세대 1주택이고 당초 취득일로부터 2년 보유 등을 했으면 중간에 처분한 주택 등과 무관하게 양도세 비과세를 적용한다. 최종 1주택에 대한 보유기간 리셋제도가 폐지되었기 때문이다).
- 재고 주택 2채 이상+거주 주택 1채 → 재고 주택이 장기임대인 상태에서는 매매사업용 주택이 아닌 개인용 주택에 해당하는 것으로 보아 거주 주택에 대한 비과세가 적용되지 않을 수 있음에 유의할 것[4]

※ 저자 주

새 정부의 '2년 이상 보유한 주택'에 대한 한시적 중과배제에 따른 부동산 매매업 세금은 아래와 같이 관리하는 것이 좋을 것으로 보인다.

1. 2년 이상 보유한 재고 주택이 있는 경우
   양도세 중과배제가 되므로 비과세 없이 바로 6~45%를 받을 수 있다.
2. 2년 미만 보유한 재고 주택이 있는 경우
   양도세 중과세제도가 적용될 수 있으므로 미리 중과세 대상 주택인지의 여부를 판단해야 한다. 그 결과 중과세 대상 주택인 경우에는 비과세가 적용되며, 그렇지 않은 경우에는 비과세 없이 6~45%를 적용받을 수 있다.
   결국 부동산 매매사업자들이 유리한 상황을 만들기 위해서는 중과세 대상 주택이 아닌 주택을 골라낼 수 있어야 함을 알 수 있다.

---

4) 실무에서 보면 이와 관련된 쟁점들이 다수 발생하고 있다. 따라서 비과세를 확실히 받고 싶다면 애초에 개인매매사업보다는 법인매매사업이 더 나을 수도 있다.

제 4 장

부동산 매매업의
세제에 대한
기초상식

부동산 매매업과 세금체계

개인이 부동산 매매업을 영위한 상태에서 부동산을 취득하거나 보유하면서 내는 세금은 일반 개인과 같다. 다만, 이를 양도할 때 매매사업자는 개인이 내는 양도세가 아닌 종합소득세를 내게 된다. 그런데 이때 양도세 중과세가 되는 주택 등을 매매사업자가 매매하면 비교과세가 적용된다. 한편, 매매사업자가 거주하고 있는 주택은 양도세 비과세가 가능한데, 이때 매매사업자의 주택들은 사업용 주택으로 분류된다. 이러한 점을 고려해 다음의 내용을 확인해보자.

1 취득단계 : 취득세

일반 개인이 주택 등을 취득하면 취득세율이 1%에서 12%까지 발생한다. 이때 매매사업자도 일반 개인과 동일하게 이를 부과받는다.

구분	일반 개인	매매사업자	비고
취득세율	1~12%	좌동	취득세는 취득부대 비용에 해당함.
중과세 제외	시가표준액 1억 원 이하 주택 등	좌동	

☞ 개인의 취득세는 개인이 보유한 주택 수와 주택의 소재 지역에 따라 세율이 1~12%까지 달라진다.

2 보유단계 : 보유세

일반 개인이 주택 등을 보유하면 매년 6월 1일을 기준으로 재산세와 종부세가 부과된다.

구분	일반 개인	매매사업자	비고
재산세	지방세법에 따른 과세	좌동	매매사업자의 경우 비용에 해당함.
종부세	종부세법에 따른 과세 • 일반과세 : 0.5~2.7% • 중과세 : 2.0~5.0%	좌동	

3 임대단계 : 임대소득세

일반 개인이 주택 등을 임대해 임대소득이 발생하면 이에 대해서는 임대소득세를 내야 한다. 한편 매매사업자가 일시임대 등을 통해 발생한 임대소득에 대해서도 일반 개인처럼 임대소득세를 내야 한다. 따라서 이 둘의 차이는 없다.

그런데 여기에서 간과하면 안 되는 사실이 있다. 매매사업자가 보유한 주택이 당초 매매 목적인지, 임대 목적인지에 따라 처분에 따른 소득의 종류가 달라진다는 것이다.

- 만일 매매 목적이라면 ⇒ 종합소득세로 과세된다.
- 만일 임대 목적이라면 ⇒ 양도세로 과세된다.

예를 들어 부동산 매매사업자가 보유한 주택 등을 단기로 매매하면, 이는 대부분 매매 목적으로 구분될 수 있지만, 장기간 임대한 경우에는 임대 목적으로 구분이 될 수 있다.

④ 양도단계 : 양도세와 종합소득세

일반 개인이 부동산을 양도하면 양도세가 발생한다. 물론 매매사업자가 본인이 거주하고 있는 주택을 양도할 때도 마찬가지다. 다만, 매매사업자가 사업용 부동산을 매매하면 종합소득세가 발생한다. 이때 매매사업자가 일시임대한 후에 이를 양도한 것을 포함한다.

구분	일반 개인	매매사업자
거주용 주택	양도세	좌동
사업용 주택	-	종합소득세*

* 단, 사업용 주택이 양도세 중과 대상인 경우 Max[양도세, 종합소득세]로 과세한다. 이를 비교과세라고 한다.

⑤ 기타

이외에 부동산을 매입하거나 양도할 때 부가가치세가 발생할 수 있다. 주로 전용면적 $85m^2$ 초과 주택이나 상가 등을 매매할 때 발생한다. 이 경우 부가가치세 처리는 다음과 같이 한다.

구분	일반 개인	매매사업자
매입 시	-	환급 가능
양도 시	-	건물가액의 10%를 징수해 납부

💡TIP 매매사업자의 주택처분과 소득의 구분

구분	일시임대	장기임대	비고
소득 종류	종합소득	양도소득	소득 구분이 잘못된 경우 신고불성실가산세는 발생하지 않으나 납부지연가산세는 발생함. 일시임대인지, 아닌지의 여부는 사실 판단 사항임.
필요경비	종합소득세 필요경비에 산입	양도세 필요경비에 산입	

부동산 매매사업자의
부동산 양도에 따른 쟁점들

앞에서 본 매매업과 관련된 세목 중 취득세와 보유세, 그리고 임대소득세는 일반 개인과 똑같이 취급하므로 별다른 쟁점이 발생하지 않는다. 하지만 양도단계에서는 내용이 다소 복잡하게 전개되는데, 이때의 주요 쟁점을 정리하면 다음과 같다.

- 사업자가 거주하고 있는 주택은 비과세가 적용되는가?
- 사업자등록 전 보유한 주택도 사업용 주택이 될 수 있는가?
- 비교과세 적용 시 중과세 판단은 어떻게 할까?

이러한 내용은 앞으로 매매업에 대한 세제를 이해할 때 매우 중요하다. 차근차근 알아보자.

첫째, 사업자가 거주하고 있는 주택은 비과세가 적용되는가?

사업자가 거주하고 있는 주택은 사업용 주택이 아니므로 이에 대해서는 양도세가 과세되는 것이 원칙이다. 물론 이 주택이 소득세법상 1세대 1주택에 해당하고, 2년 이상 보유 및 거주 등을 한 경우라면 비과세 적용이 가능하다. 다만, 이때 주의할 것은 비과세 판단 시 제외되는 사업용 주택에 대해서는 사실 판단을 해야 한다는 것이다.

☞ 거주용 주택에 대한 비과세를 받기 위해서는 사업용 주택임을 입증해야 한다. 이때 다음의 행위들이 도움이 될 것이다.

- 사업자등록
- 매매차익 예정신고
- 장부를 통한 종합소득세 신고 등

둘째, 사업자등록 전 보유한 주택도 사업용 주택이 될 수 있는가?

가능하다. 이를 배제하는 규정이 없기 때문이다. 다만, 다주택 상태에서 거주용 주택 외의 주택을 사업용 주택으로 보고, 거주용 주택을 비과세로 신고한 경우에는 주의할 필요가 있다. 이런 식으로 처리하면 관할 세무서에서 이를 부인하고 과세할 수 있기 때문이다. 다음 예규를 참조하기 바란다.

※ 사전법령해석 소득 2017-483, 2017. 10. 27

제목 부동산 매매업 등록 전 취득한 주택이 부동산 매매업의 재고주택에 해당하는지 여부

요약 다수의 주택을 소유한 부동산 매매업으로 사업자등록한 거주자가 사업자등록 전에 취득한 주택이 매매 목적의 재고자

산에 해당하는지 여부는 사업성 여부 등 제반사항을 종합적
으로 고려하여 사회통념에 따라 판단하는 것임.

질의

사실관계

• 신청인의 주택 취득 및 양도 현황

주택구분	취득일	양도일	비고
주택 ①	2014. 05. 02	2017. 08. 01	매매차익 예정신고
주택 ②	2015. 04. 15	2016. 08. 09	
주택 ③	2016. 06. 22	2016. 08. 10	
주택 ④	2016. 08. 22	2016. 08. 10	
주택 ⑤	2016. 04. 29	2016. 12. 29	재고자산으로 계상
주택 ⑥	2016. 08. 09		
주택 ⑦	2016. 09. 30		
주택 ⑧	2016. 11. 22		
주택 ⑨	2017. 02. 27		

• 신청인은 2016년 5월 1일에 부동산 매매업으로 사업자 등록함.
  – 상기 주택 ①, 주택 ②는 부동산 매매업으로 등록하기 전 취득하
    여 등록 이후 판매한 주택임.

질의내용

• 부동산 매매업 등록 전에 취득하고 부동산 매매업 등록 이후 매도한
  주택(다음 사실관계의 주택 ①, 주택 ②)이 부동산 매매업의 재고 주택에 해
  하는지 여부

귀 사전답변 신청의 경우, 주택을 부동산 매매업 사업자등록을 하기 전에 취득하였더라도 판매를 목적으로 보유하고 있는 주택은 당해 부동산 매매업의 재고자산에 해당하는 것으로, 사업자등록 전에 취득한 주택이 부동산 매매업의 재고자산에 해당하는지 여부는 부동산 취득 및 보유현황, 양도의 규모, 횟수, 태양 등에 비추어 부동산 매매업으로 볼 수 있을 정도의 계속성과 반복성이 있는지와 사업목적이 있는지 등 제반사항을 고려하여 사회통념에 따라 판단하는 것임.

☞ 참고로 위와 달리 사업자등록일 이전부터 오랫동안 보유한 주택은 양도세로 처리하는 것이 안전할 것으로 보인다(저자 문의).

셋째, 비교과세 적용 시 중과세 판단은 어떻게 할까?

매매사업자가 중과세 대상 주택 등을 양도하면 비교과세가 적용됨을 알았다. 그런데 이 비교과세는 결과적으로 양도세 중과세로 귀결되는 경우가 많다. 이 세금이 6~45%로 계산한 것보다 많이 나오기 때문이다. 그렇다면 중과세는 어떻게 판단할까?

STEP 1 중과세 대상 주택 판단

개인(매매사업자 포함)이 보유하고 있는 전국의 모든 주택 중에서 규제지역의 주택 수와 비규제지역 중 기준시가(권리가액, 분양공급가격)가 3억 원 초과한 주택을 합해 2주택 이상을 보유해야 한다.

- 규제지역(수도권·세종시권·광역시권의 시지역)
- 비규제지역(위 지역의 읍·면지역과 그 외 도지역)

STEP 2 중과배제 주택 판단

중과세 대상 주택 수가 2채 이상 되더라도 임대등록한 주택, 2년 이상 보유한 주택 등은 중과세를 적용하지 않는다. 이를 '중과배제 주택'이라고 한다.

STEP 3 최종 중과세율 판단

앞에서 검토한 것처럼 중과세 대상 주택 수가 2채 이상이고, 양도 대상 주택이 중과배제 주택이 아닌 상태에서 조정대상지역 내의 주택을 양도하면 중과세율이 적용된다.

☞ 구체적인 것은 바로 뒤에서 살펴보자.

⚡ TIP 매매사업자의 사업용 주택과 주택 수 산입

매매사업자가 보유한 사업용 주택이 거주 주택 양도세 비과세, 그리고 사업용 주택에 대한 양도세 중과세 판단 시 주택 수에 포함되는지 여부를 알아보면 다음과 같다.

1. 거주 주택 비과세 판단 시

매매사업자의 거주 주택에 대한 양도세 비과세 판단 시 사업용 주택은 주택 수에 산입하지 않는다.

2. 사업용 주택 중과세 판단 시

매매사업자의 사업용 주택에 대한 비교과세 적용을 위한 중과세 판단 시 거주 주택과 재고자산인 주택도 주택 수에 포함한다.

> **※ 소득세법 시행령 제167조의3(3주택 중과세)**
> ② 제1항을 적용할 때 주택 수의 계산은 다음 각 호의 방법에 따른다.
> 　　3. 부동산 매매업자가 보유하는 재고자산인 주택 : 주택 수의 계산에 있어서 이를 포함한다.

부동산 매매사업자의
비교과세제도에 관한 모든 것

부동산 매매업에 대한 세제의 핵심은 누가 뭐래도 종합소득세에 있다. 수익률과 직결되기 때문이다. 그런데 이들도 사업자에 해당하므로 원칙적으로 사업 관련 비용을 인정받고 6~45%의 기본세율을 적용받을 수 있다. 하지만 이를 무한정 이용하면 부동산 매매업을 영위해 양도세 부담을 줄일 가능성이 높다. 이에 세법은 '부동산 매매사업자의 세액계산특례(비교과세)' 제도를 두어 이러한 문제점을 해결하고 있다. 이하에서 이에 대해 자세히 알아보자.

1 세액계산의 특례제도

소득세법 제64조에서는 다음과 같이 '부동산 매매업자에 대한 세액계산의 특례'를 두고 있다. 이를 실무에서는 매매사업자에 대한 비교과세제도라고 한다.

① 대통령령으로 정하는 부동산 매매업을 경영하는 거주자(이하 '부동산 매매업자'라 한다)로서 종합소득금액에 제104주 제1항 제1후(분양권에 한정한다)·제8호·제10호 또는 같은 조 제7항 각 호의 어느 하나에 해당하는 자산의 매매차익(주택 등 매매차익)이 있는 자의 종합소득 산출세액은 다음 각 호의 세액 중 많은 것으로 한다.

1. 종합소득 산출세액
2. 다음 각 목에 따른 세액의 합계액
   가. 주택 등 매매차익에 제104조에 따른 세율을 적용하여 산출한 세액의 합계액
   나. 종합소득 과세표준에서 주택 등 매매차익의 해당 과세기간 합계액을 공제한 금액을 과세표준으로 하고 이에 제55조에 따른 세율을 적용하여 산출한 세액

② 부동산 매매업자에 대한 주택 등 매매차익의 계산과 그 밖에 종합소득 산출세액의 계산에 필요한 사항은 대통령령으로 정한다.

앞의 내용을 상세히 알아보자.

첫째, 적용 대상은 다음의 매매차익이 발생한 부동산 등이다.

- 주택분양권(제104조 제1항 제1호 중 분양권에 한정한다)
- 비사업용 토지(제104조 제1항 제8호)
- 미등기 부동산(제104조 제1항 제10호)
- 중과 대상 주택(제104조 제7항)

따라서 이들의 매매차익만 비교과세를 적용하며, 이에 해당하지 않는 자산들의 매매차익은 6~45%를 적용받게 된다.

둘째, 매매사업자의 종합소득세는 다음 중 많은 세액으로 한다.

1. 종합소득 산출세액
2. 다음 각 목에 따른 세액의 합계액

　가. 주택 등 매매차익에 제104조에 따른 세율*을 적용해 산출한
　　세액의 합계액

　　* 이는 양도세율(일반세율, 중과세율)을 말한다.

　나. 종합소득 과세표준에서 주택 등 매매차익의 해당 과세기간 합
　　계액을 공제한 금액을 과세표준으로 하고, 이에 제55조에 따
　　른 세율*을 적용해 산출한 세액

　　* 이는 6~45%를 말한다.

이처럼 비교과세는 1과 2 중 많은 세액으로 과세하는 방식을 말한다.

셋째, 주택 등 매매차익은 해당 자산의 매매가액에서 다음 각 호의
금액을 차감한 것으로 한다(소득세법 시행령 제122조).

- 양도자산의 필요경비(취득가액과 부대비용)
- 양도소득 기본공제 금액
- 장기보유특별공제액(3년 이상 보유 시 6~30%)

이는 양도소득 과세표준을 계산하는 것과 같다.

② 적용 사례

사례를 통해 앞의 내용을 확인해보자.

> **자료**
>
> - 매매가액 : 2억 원
> - 취득가액 : 1억 원
> - 사업소득금액 : 5,000만 원
> - 근로소득금액 : 3,000만 원
> - 소득공제액 : 1,000만 원

Q1 사례의 경우 종합소득세는 얼마인가? 세율은 6~45%를 적용한다.

- 종합소득금액 8,000만 원(사업소득금액 5,000만 원+근로소득금액 3,000만 원)

  - 소득공제액 1,000만 원

  = 과세표준 7,000만 원

  × 세율 24%

  - 누진공제 576만 원

  = 산출세액 1,104만 원

Q2 만일 매매사업자에 대한 비교과세가 적용되면 종합소득세는 얼마나 나올까? 단, 비교과세 적용 시 양도세율은 6~45%+20%가 적용된다고 하자.

이 경우에는 앞에서 계산된 1,104만 원과 다음에서 계산된 것 중 많은 세액을 산출세액으로 해야 한다. 따라서 이 경우 39,915,000원이 최종 산출세액이 된다.

① 주택 등 매매차익에 대한 양도세
- 매매차익 = 매매가액 − 필요경비 − 장기보유특별공제 − 기본공제
  = 2억 원 − 1억 원 − 0원 − 250만 원 = 9,750만 원
- 산출세액 = 9,750만 원 × 55% − 1,544만 원 = 38,185,000원

② 주택 등 매매차익 외 소득에 대한 종합소득세
- 기타 소득 = 근로소득금액 − 종합소득공제액
  = 3,000만 원 − 1,000만 원 = 2,000만 원
- 산출세액 = 2,000만 원 × 15% − 126만 원 = 174만 원

③ 계 : 39,915,000원

Q3 만일 매매사업자에 대한 비교과세가 적용되면 종합소득세는 얼마나 나올까? 단, 비교과세 적용 시 양도세율은 단기매매에 따른 세율 70%와 6~45%+20%가 동시에 적용된다고 하자.

앞의 물음 3과 물음 2가 차이 나는 것은 바로 양도세율 적용법에 있다. 물음 2는 중과세율 6~45%+20%p 하나만 적용되지만, 물음 3은 단기양도에도 해당하고 중과세율이 동시에 적용되기 때문이다. 이에 세법은 하나의 자산이 두 개 이상의 세율이 적용되는 경우에는 더 높은 세율을 적용하도록 하고 있다. 따라서 사례의 경우에는 다음처럼 계산한 것 중 가장 많은 세액을 산출세액으로 해야 한다.

1. 전체 소득에 대해 종합소득세로 계산 : 1,104만 원(Q1)
2. 주택 등 매매차익에 대한 양도세를 중과세율로 계산 : 39,915,000원 (Q2)
3. 주택 등 매매차익에 대한 양도세를 단기양도세율로 계산 : 69,990,000원

① 주택 등 매매차익에 대한 양도세

- 매매차익 = 매매가액 – 필요경비 – 장기보유특별공제 – 기본공제 = 2억 원 – 1억 원 – 0원 – 250만 원 = 9,750만 원
- 산출세액 = 9,750만 원 × 70% = 68,250,000원

② 주택 등 매매차익 외 소득에 대한 종합소득세

- 기타 소득 = 근로소득금액 – 종합소득공제액
  = 3,000만 원 – 1,000만 원 = 2,000만 원
- 산출세액 = 2,000만 원 × 15% – 126만 원 = 174만 원

③ 계 : 69,990,000원

※ 저자 주

주택(단, 2년 이상 보유한 주택에 한함) 중과세제도가 한시적으로 폐지되는 경우 앞에서 본 비교과세는 적용되지 않는다. 하지만 기타 2년 미만 보유한 주택, 주택분양권, 비사업용 토지, 미등기 부동산은 중과세제도가 계속 적용될 수 있음에 유의해야 한다.

양도세율 적용법과
비교과세의 관계

앞의 사례를 통해 살펴보건대 비교과세는 절대적으로 양도세율 적용법과 관련성이 높다. 따라서 이에 관한 내용을 잘 이해하기 위해서는 이에 대한 세율체계를 잘 이해하는 것이 중요하다. 이하에서 알아보자.

1 양도세

양도세는 크게 일반세율과 중과세율로 구분된다.

1) 일반세율

일반세율은 보유기간에 따른 세율을 말한다. 참고로 2022년 12월 21일 정부에서 발표한 부동산 세제 완화안에는 주택과 입주권, 분양권에 대한 단기양도세율을 1년 미만 45%(1년 이상 6~45%)로 하는 안이 포함되었다. 2024년 5월 현재 이 안은 확정되지 않았다.

구분	1년 미만 보유	1~2년 미만 보유	2년 이상 보유
주택·입주권·주거용 오피스텔	70%	60%	6~45%*
토지·상가·업무용 오피스텔	50%	40%	6~45%
분양권	70%	60%	60%

* 실무상 '기본세율'이라고 한다. 이는 다음과 같은 구조로 되어 있다.

과세표준	세율	누진공제
1,400만 원 이하	6%	–
5,000만 원 이하	15%	126만 원
8,800만 원 이하	24%	576만 원
1.5억 원 이하	35%	1,544만 원
3억 원 이하	38%	1,994만 원
5억 원 이하	40%	2,594만 원
10억 원 이하	42%	3,594만 원
10억 원 초과	45%	6,594만 원

2) 중과세율

중과세가 적용되는 주택과 토지에 대해서는 중과세율이 적용된다.

구분	1년 미만 보유	1~2년 미만 보유	2년 이상 보유
주택	Max[70%, 6~45%+20~30%p]	Max[60%, 6~45%+20~30%p]	6~45%
토지	Max[50%, 6~45%+10%p]	Max[40%, 6~45%+10%p]	6~45%

☞ 중과세되는 주택이나 비사업용 토지를 단기매매 시에는 다음 중 높은 세율로 세금을 계산한다. 이를 '세액비교과세'라고 한다.

• Max[단기양도세율, 중과세율]

예를 들어 2주택 중과주택을 1년 미만 보유 후 양도하면, 다음과 같이 세율을 적용한다는 것이다.

• Max[단기양도세율 70%, 중과세율 6~45%+20%p]

2 종합소득세

사업자의 경우 종합소득세율은 일반적으로 6~45%가 적용되나, 부동산 매매업의 경우 세액계산의 특례(비교과세)가 적용되면 종합소득세율과 양도세율 중 높은 세율이 적용된다.

1) 일반 종합소득세 세율

앞에서 본 6~45%가 적용된다.

2) 세액계산의 특례 시 적용되는 세율

주택, 주거용 오피스텔, 토지, 주택분양권의 경우 일반 종합소득세 세율과 양도세 중과세율 중 높은 세율로 과세한다.

• Max[종합소득세율, 양도세율]

3 법인세

법인세율은 일반적으로 9~24%가 적용되나 주택(입주권), 주거용 오피스텔과 분양권, 토지를 양도할 때에는 추가법인세율(주택은 20%, 토지는 10%)이 별도로 적용된다.

※ 저자 주

주택에 대한 양도세 중과세제도가 한시적으로 폐지되면 이에 대한 양도세율은 일반세율이 적용되고, 종합소득세도 비교과세가 적용되지 않는다. 다만, 법인세법상의 추가과세제도는 그대로 유지될 가능성이 크다. 한편 주택 외의 토지 등은 중과세제도가 계속 적용되면 현행의 세율이 그대로 적용된다.

참고로 2022년 5월 10일 현재, 양도세 중과세 대상 부동산 중 '2년 이상 보유한 주택'에 대해 양도세 중과세제도가 한시적으로 폐지되었다. 따라서 이들 주택에 대해서만 당분간 비교과세가 적용되지 않을 뿐 이에 해당하지 않는 2년 미만 보유한 주택이나 비사업용 토지, 분양권 등에 대해서는 여전히 비교과세가 적용됨에 유의해야 한다. 다만, 2024년 5월 현재 중과세가 적용되는 조정대상지역이 서울 강남구 등 4개 지역에 국한되므로 주택의 경우 비교과세제도가 제한적으로 적용될 것으로 보인다.

양도세 중과세 판단과
비교과세제도의 관계

앞에서 살펴보았듯이 부동산 매매업에 대한 비교과세제도를 이해하기 위해서는 반드시 양도세 중과세제도를 이해해야 한다. 비교과세의 대상은 양도세 중과세 대상자산이 되는 경우가 많기 때문이다. 그렇다면 양도세 중과세제도는 어떻게 작동될까(2022년 5월 10일 이후부터 '2년 이상 보유한 주택'에 대해서는 한시적으로 중과배제되지만, 2년 미만 주택 등은 중과세가 적용되고 있음에 유의해야 한다).

⚊ 양도세 중과세제도의 이해

부동산 매매사업자의 주택에 대해 비교과세를 적용하기 위해서는 기본적으로 매매사업자가 보유한 모든 주택 중에서 양도세 중과세 적용을 위한 주택 수가 2주택 이상이 되어야 한다. 이때 다음과 같은 기준을 사용한다.

① 모든 주택이 주택 수에 포함되는 지역	② 기준시가 3억 원 초과하는 주택만 주택 수에 포함되는 지역
• 서울특별시 • 광역시(군지역 제외) • 경기도, 세종시(읍·면지역 제외)	• 모든 광역시의 군지역 • 경기도, 세종시 읍·면지역 • 기타 모든 도지역

앞의 표를 보면 ① 지역에 소재한 주택은 가격을 불문하고 모두 중과세 판정을 위한 주택 수에 포함되며, ② 지역은 기준시가(입주권은 권리가격, 분양권은 공급가격)가 3억 원을 초과해야 이에 포함된다.[5]

참고로 이러한 주택에는 다음과 같은 것들이 포함된다. 이때 입주권과 분양권도 주택에 포함해 중과세제도를 적용한다. 양도세 비과세와는 다른 기준을 사용하고 있음에 유의해야 한다(비과세는 가격 불문하고 주택 수에 산입한다).

- 양도세 감면 주택
- 상가 겸용 주택(주택 〉 상가인 경우 전체를 주택으로 본다. 반대의 경우 주택 부분만 주택에 해당한다. 단, 다주택 중과 규정 적용 시 주택의 면적이 상가 면적보다 큰 경우 상가 부분에 대해서는 중과 규정이 적용되지 아니한다)
- 다가구 주택(중과세 판단 시는 보통 1주택으로 본다)
- 지분 소유 주택(원칙적으로 각각 1주택으로 간주. 동일세대원이 공동 소유한 주택은 한 채로 간주한다)
- 입주권
- 분양권(2021년 1월 1일 이후 취득분에 한함)
- 주거용 오피스텔

---

5) 참고로 이러한 기준으로 중과 대상 주택 수를 판정하다 보니 기타 도지역에 소재한 경우에 기준시가가 3억 원이 안 되면 조정지역으로 고시되었음에 불구하고 중과세제도가 적용되지 않는다.

- 부동산 매매사업자의 재고 주택
- 주택 임대사업자의 임대 주택 등

여기서 특이한 것은 부동산 매매사업자가 보유한 재고 주택도 중과세 대상 주택 수에 포함된다는 것이다.

2 적용 사례

사례를 통해 앞의 내용을 확인해보자.

> **자료**
>
> - 재고 주택 : 2채
> - 거주용 주택 : 1채

Q1 이 경우 사업자가 보유한 주택 수는 몇 채인가?

총 3채가 된다.

Q2 거주용 주택을 양도할 때 재고 주택도 주택 수에 포함되는가?

거주용 주택에 대한 비과세를 판단할 때에는 재고 주택은 주택 수에서 제외된다. 다만, 이때 거주용 주택에 대해 비과세가 적용되지 않으면 재고 주택을 포함해 중과세 판단을 함에 유의해야 한다. 부동산 매매사업자의 재고 주택은 중과세 판단 시 주택 수에 포함되는 것이 원칙이기 때문이다.

Q3 재고 주택을 매매할 때 중과세 판단을 해야 한다. 이때 거주용 주택도 주택 수에 포함하는가?

그렇다. 이 경우 개인이 보유한 모든 주택 수를 포함해 재고 주택에 대한 양도세 중과 판단을 해야 한다.

Q4 앞의 주택들이 모두 비조정대상지역에 소재한다. 이 경우 재고 주택을 매매 시 비교과세가 적용되는가?

그렇지 않다. 중과세는 조정대상지역에 소재한 주택에 대해서만 적용되는데, 이 경우에는 이에 해당하지 않기 때문이다. 따라서 비조정대상지역 내의 주택을 부동산 매매사업자가 양도하면 일반세율을 적용받을 수 있게 된다. 2024년 5월 현재 서울 강남구 등 4개 구만 조정대상지역으로 묶여 있다.

Q5 앞의 재고 주택은 조정대상지역 내에 소재하고 거주용 주택은 비조정대상지역에 소재한 상태에서 재고 주택 중 한 채(2년 미만 보유)를 양도하면 과세방식은?

이 경우 비교과세가 적용될 수 있다. 따라서 이때 부동산 매매사업자는 양도세와 종합소득세 중 많은 세액을 납부해야 한다. 참고로 부동산 매매사업자의 재고 주택 중 2년 이상 보유한 주택을 한시적 중과배제 기간(2022년 5월 10일부터 3년간) 내에 양도하면 비교과세 없이 6~45%의 세율을 적용받을 수 있다.

☞ 부동산 매매사업자의 비교과세에 대한 이해를 정확히 하기 위해서는 양도세 중과세제도에 밝아야 한다. 저자의 다른 책들을 참조하기 바란다.

TIP 조정대상지역 해제와 매매업과의 관계

현행 주택에 대한 양도세 중과세는 다주택자의 조정대상지역 내 주택에 대해서만 적용된다. 따라서 2024년 5월 현재 서울 강남구와 서초구, 송파구, 용산구 등 4개 구만 이 지역으로 지정되어 있으므로 이 지역 내의 주택에 대해서만 이 제도가 적용된다. 이같이 조정대상지역이 폭넓게 해제되면 매매업에도 많은 영향을 주는데 이를 요약하면 아래와 같다.

1. 조정대상지역 내의 주택

다주택자가 이 지역 내의 주택을 양도하면 중과세가 적용된다. 다만, 2년 이상 보유한 주택을 2025년 5월 9일까지 양도하면 중과세를 적용하지 않는다. 따라서 이 지역 내에서 개인 매매업은 효익이 없을 가능성이 높다. 대부분 2년 미만 보유한 후 매매하는 경우 비교과세가 적용되어 양도세로 내야 하기 때문이다.

2. 비조정대상지역 내의 주택

이 지역 내의 주택들은 무조건 양도세 중과세가 적용되지 않는다. 따라서 개인이 매매업을 영위하면 단기매매에도 불구하고 6~45%를 적용받을 수 있다. 다만, 2024년 5월 현재 취득세 중과세가 살아 있으므로 이 부분에 유의해야 한다. 한편 종부세는 3주택 이상자 중 과세표준이 12억 원(기준시가로 환산 시 24억 원)을 넘어야 중과세가 적용되므로 주택 수를 조절하거나 과세기준일인 6월 1일을 회피하면 큰 문제는 없을 것으로 보인다.

심층분석 1 부동산 매매업 소득세 신고 방법

부동산 매매업의 소득세 신고 방법은 예정신고와 확정신고로 구분된다. 자세한 내용은 뒤의 해당 부분에서 보고, 여기서는 이에 대해 간략하게 살펴보자.

1. 매매사업자의 세금신고 방법

부동산 매매사업자가 주택 등을 매매하면 매매일이 속한 달의 말로부터 2개월 내에 예정신고를 하고 다음 해 5월 중에 확정신고를 하게 된다. 이때 예정신고는 양도세 계산구조에 따라 신고하고, 확정신고 시에는 종합소득세 계산구조에 따라 신고하게 된다. 물론 확정신고 때 해당 주택 등이 비교과세대상인 경우에는 'Max[양도세, 종합소득세]'로 계산된 산출세액을 납부하게 된다. 이를 '비교과세(세액계산의 특례)'라고 한다.

예정신고		확정신고
• 매매 말일~2개월 • 양도세 계산구조로 신고		• 다음 해 5월(성실신고는 6월) • 종합소득세 계산구조로 신고(비교과세)

2. 예정신고 과세방식

예정신고는 다음과 같은 형식으로 신고하는 것을 말하는데, 이때 관심을 두어야 할 부분은 바로 세율 적용 부분이다.

구분	금액	비고
매매가액(실지거래가액)		
− 필요경비		
− 장기보유특별공제		3년 미만 보유 및 중과 주택은 0% ※ 기본공제 250만 원은 적용하지 않음.
= 토지 등 매매차익		
+ 기신고(결정)된 매매차익 합계액		2회 이상 양도 시 합산해야 함.
= 토지 등 매매차익 합계액		
× 양도세 세율		• 일반과세 : 6~45% • 중과세 : 중과세율
= 산출세액		
+ 가산세		
− 기납부세액		
= 납부할 총세액		

예정신고는 위와 같은 서식을 통해 신고하게 되는데, 세율은 다음과 같이 계산된다. 주택의 경우를 예로 들어보자.

- 매매용 부동산이 중과세 대상이 아닌 경우 : 6~45%
- 매매용 부동산이 중과세 대상으로 2년 이상 보유 시 : 중과세율 (6~45%+20~30%p)
- 매매용 부동산이 중과세 대상으로 보유기간이 2년 미만인 경우 : Max[(70%, 60%), 6~45%+20~30%p]

☞ 이처럼 예정신고 시 세율은 일반과세의 경우 6~45%가 적용되나, 중과세 대상 부동산은 단기세율과 중과세율 중 높은 세율이 적용된다는 점에 유의해야 한다.

3. 확정신고 과세방식

앞과 같이 예정신고가 되었다고 하더라도 이와 별개로 다음 해 5월
(성실신고는 6월) 중에 종합소득세 확정신고를 해야 한다.

확정신고는 다음과 같은 서식을 이용하게 되는데, 이때 양도세 중과
세 대상 부동산이 포함되어 있는 경우에는 다음 ①과 ② 중 많은 산출
세액으로 계산하고, 중과세 대상이 하나도 없는 경우에는 ①에 의한 방
식으로 소득세를 계산하게 된다. 전자를 비교과세라고 한다.

구분	① 종합소득 금액 합계	비교산출세액의 계산		
		② 합계	③ 주택 등 매매 차익 외 종합소득	④ 주택 등 매매 차익 합계(⑤+~+⑪)
㉮ 총수입금액	매매가액		수입금액	매매가액
㉯ 필요경비	• 취득원가 • 취득부대비용 • 자본적 지출 • 일반관리비		• 매출원가 • 일반관리비 등	• 취득원가 • 취득부대비용 • 자본적 지출
㉰ 장기보유특별공제	해당사항 없음.		해당사항 없음.	적용
㉱ 소득금액				
㉲ 소득공제 (양도소득기본공제)	종합소득공제		종합소득공제	기본공제 (250만 원)
㉳ 과세표준				
㉴ 세율	6~45%	–	6~45%	중과세율
㉵ 산출세액				

❶❾ 종합소득산출세액계산서(주택 등 매매업자용)

1. 종합소득산출세액 비교

☞ 예정신고 및 확정신고에 대한 자세한 내용은 뒤에서 살펴본다.

심층분석 2 종합과세와 분류과세의 이해

지금까지 알아본 부동산 매매업에서 발생한 소득은 모두 종합과세되는 소득 중의 한 항목에 해당한다. 이러한 소득은 앞에서 본 양도소득과는 다른 과세체계를 가지고 있는데, 이하에서 이 둘 소득에 대한 과세체계의 차이점 등을 알아보자.

1. 기본 사례

직장인 K씨는 올해 다양한 부동산을 취득해 이를 임대하거나 처분해 수익을 획득하려고 한다. 물음에 답하면?

Q1 K씨가 부동산을 처분해 나온 소득이 양도소득에 해당하면 K씨의 근로소득과 합산과세되는가?

합산해 과세되지 않는다. 근로소득은 단기간에 발생하는 소득이고, 양도소득은 장기간에 발생하는 소득이므로 이 둘의 소득을 합산해 과세하지 않도록 하고 있기 때문이다.

Q2 K씨가 부동산을 처분해 나온 소득이 사업소득이라면 근로소득과 합산해 과세되는가?

사업소득과 근로소득은 단기간에 발생하는 소득이므로 이를 합산해 과세하는 것이 원칙이다.

Q3 종합소득 합산과세가 되면 일반적으로 세금이 증가한다. 왜 그럴까?

종합과세가 되면 6~45%의 세율이 적용된다. 따라서 이러한 누진세율구조의 상황에서는 소득이 증가하면 일반적으로 세율도 올라가기 때문에 세금이 늘어난다.

Q4 **어떤 사업자의 다른 종합소득에서 손실이 발생하면 이를 통산할 수 있는가?**

원칙적으로 그렇다. 따라서 이러한 경우에는 합산과세로 인해 세금이 줄어들 수 있다.

2. 핵심 포인트

현행 소득세법상 개인의 소득 종류는 총 8가지(2025년 금융투자소득 추가)가 있다. 이 중 이자·배당·사업·근로·연금·기타소득 등 6가지 소득은 합산해 과세하며, 양도소득과 퇴직소득은 종합과세되지 않고 별도의 계산구조로 독립적으로 과세되고 있다. 전자를 종합과세제도라고 하고, 후자를 분류과세제도라고 한다.

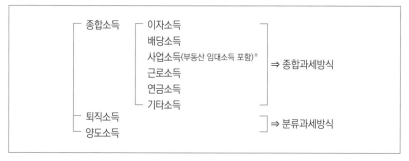

* 부동산 임대소득도 사업소득에 포함됨에 유의하기 바란다. 참고로 이 책에서 '사업소득세'란 표현도 사용하는데, 이는 종합소득 중 사업소득만 있는 경우에 부과되는 세금이라는 것을 의미한다. 근로소득만 있으면 근로소득세라고 칭하는 것과 마찬가지다.

※ 종합과세방식의 이해

- 근로소득과 사업소득 등 종합소득을 합산해 6~45%의 세율로 과세하는 방식이다.
- 주로 단기간에 발생한 소득에 관해 적용한다.
- 매년 1. 1~12. 31의 실적을 합해 과세한다.
- 종합소득 중 결손금이 발생하면 다른 종합소득에 통산할 수 있다. 그 결과 세금이 줄어들게 된다.

※ 분류과세방식의 이해

- 다른 소득에 합산과세하지 않고 별도의 계산구조로 과세한다.
- 주로 장기간에 발생한 소득에 대해 적용한다. 이에는 양도소득과 퇴직소득이 있다.
- 양도소득의 경우 매년 1. 1~12. 31의 실적을 합해 과세한다(따라서 양도소득도 양도소득에 대해 합산과세를 적용받게 된다).
- 양도소득에서 발생한 결손금은 같은 해의 양도소득에서만 통산할 수 있다.

3. 실전 연습

서울 성동구 성수동에 거주하고 있는 K씨는 경매를 통해 다음과 같은 부동산을 보유하고 있다. 물음에 답하면?

> **자료**
>
> ① 주택 : 임대를 주고 있음
> ② 상가 : 임대를 주고 있음

Q1 K씨가 비사업자로서 주택을 양도하면 어떤 소득이 발생하는가?

양도소득에 해당한다. 양도*소득은 개인이 사업과 무관하게 부동산 등을 양도할 때 부과되는 세금이다.

* 양도는 일시적이고 간헐적으로 부동산을 처분하는 것을 말한다(비사업).

Q2 K씨가 매매사업자로서 주택을 양도하면 어떤 소득이 발생하는가?

K씨가 주택을 사업적으로 매매*하는 것이므로 이 경우에는 종합소득의 하나인 사업소득에 해당된다.

* 매매는 계속적이고 반복적인 사업활동을 영위하면서 부동산을 처분하는 것을 말한다(사업).

Q3 K씨가 상가를 임대하면서 받은 소득은 무슨 소득에 해당하는가?

부동산 임대는 사업의 일환이므로 여기서 발생되는 임대소득은 사업소득의 한 유형에 해당한다(종전에는 부동산 임대소득을 사업소득과 구분했으나, 현재는 부동산 임대소득을 별도로 구분하지 않고 사업소득에 포함시키고 있다).

> **! TIP** 부동산의 소득 구분

부동산은 취득 목적에 따라 보유 소득이 다양하게 구분될 수 있다. 다음 표로 이를 확인해보자.

취득 목적	소득 구분		사업자 해당 여부
	임대 시	처분 시	
거주	–	양도소득	–
임대	사업소득	양도소득	임대사업자
분양	–*	사업소득	분양사업자
매매	–*	사업소득	매매사업자

* 분양이나 매매사업 중 일시임대를 하면 임대소득이 발생할 수 있다. 임대소득도 사업소득에 포함된다.

제 5 장

부동산 매매업과
사업자등록 그리고
각종 세금신고법

부동산 매매업의 부가가치세
과세 및 면세 판단

이제 실제 부동산 매매업의 세무처리는 어떻게 하는지 살펴보자. 알다시피 이러한 매매업을 영위하려면 사업자등록을 해야 하고 세법상 각종 협력의무를 이행해야 한다. 그런데 사업자등록에 앞서 해당 사업이 부가가치세가 과세되는지, 면세되는지의 여부부터 확인해야 한다. 사업자등록의 방법이 달라지기 때문이다. 이하에서 알아보자.

1 기본 사례

K씨는 다음과 같은 부동산을 보유하고 있다. 물음에 답하면?

- 재고 주택 : 국민주택 규모 이하의 주택과 초과 주택 2채
- 임대 주택 : 등록한 임대 주택 1채
- 비사업용 토지

Q1 위의 부동산을 양도하는 경우 부가가치세가 발생하는 항목은?

재고 주택 중 국민주택 규모 초과 주택만 발생한다. 임대 주택은 주택 임대료에 대해서는 부가가치세가 면제되므로 이에 대한 재화도 부가가치세가 없는 면세재화로 본다. 한편 토지의 공급은 무조건 부가가치세가 면제된다.

- 국민주택 규모 이하 주택의 공급 : 면세
- 국민주택 규모 초과 주택의 공급 : 과세
- 임대 주택의 공급 : 면세
- 토지의 공급 : 면세

Q2 이 경우 사업자등록의무는 어떻게 되는가?

개인이나 법인이 사업을 영위하는 경우에는 관할 세무서에 사업자등록을 해야 한다. 이때 부가가치세가 발생하는 사업은 부가가치세법상 일반과세자나 간이과세자 중의 하나로 사업자등록을 해야 한다. 단, 부가가치세가 과세되는 부동산 매매업은 간이과세자로 등록할 수 없으며 무조건 일반과세자로 등록해야 한다. 한편 부가가치세가 발생하지 않는 면세사업자는 부가가치세법상 사업자등록의무가 없고, 소득세법(법인은 법인세법)에 따른 면세사업자로의 사업자등록의무가 있다.

Q3 업종은 어떤 식으로 구분되는가?

매매는 부동산 매매업, 임대는 부동산 임대업이 된다.

Q4 K씨는 사업자등록을 어떤 식으로 해야 하는가?

앞의 업종별로 사업자등록을 하는 것이 원칙이다.[6]

① 주택 매매업 : 면세사업과 과세사업을 동시에 영위하므로 겸업사업자에 해당한다. 그런데 사례처럼 겸업사업자는 부가가치세법상의 일반 과세나 간이과세자로 사업자등록을 해야 한다. 다만, 부동산 매매업은 간이로 등록할 수 없으므로 일반과세자로 등록해야 한다.

※ 겸업사업자의 사업자등록

부가가치세의 과세사업과 면세사업을 겸업하는 사업자는 부가가치세법에 따른 사업자등록증을 발급받아야 한다. 이 경우 해당 사업자는 소득세법 또는 법인세법에 따른 사업자등록을 별도로 하지 아니한다.

② 주택 임대업 : 소득세법 또는 법인세법에 따른 면세사업자로 등록한다.

③ 토지 매매업 : 소득세법 또는 법인세법에 따른 면세사업자로 등록한다.

Q5 부가가치세법이나 소득세법 등에 따른 사업자등록을 하면 어떤 협력의무가 발생할까?

사업자로서 각종 의무를 이행하게 된다. 예를 들어 과세사업자는 부가가치세신고, 면세사업자는 사업장현황신고 등의 의무가 발생한다. 구체적인 것은 160페이지를 참조하기 바란다.

---

6) 임대용 주택 등은 주택 임대업으로 별도 사업자등록을 하는 것이 실무적으로 편리하다.

※ 재화를 공급하는 사업의 범위(부가가치세법 집행기준 2-4-5)

① 건설업과 부동산업 중 재화를 공급하는 부동산 매매업으로 보는 사업은 다음과 같다.

1. 부동산의 매매 또는 중개를 목적으로 나타내어 부동산을 판매하는 경우에는 부동산의 취득과 매매 횟수와 관계없이 부동산 매매업에 해당한다.

2. 사업상의 목적으로 1과세기간에 1회 이상 부동산을 취득하고 2회 이상 판매하는 경우와 과세기간별 취득 횟수나 판매 횟수와 관계없이 부동산의 규모, 횟수, 태양 등에 비추어 사업활동으로 볼 수 있는 정도의 계속성과 반복성이 있는 때에는 부동산 매매업에 해당한다.

3. 부동산 매매업을 영위하는 사업자가 분양목적으로 신축한 건축물이 분양되지 아니하여 일시적·잠정적으로 임대하다가 양도하는 경우에는 부동산 매매업에 해당한다.

② 주거용 또는 비주거용 및 기타 건축물을 직접 또는 총괄적인 책임을 지고 건설하여 분양·판매하는 주택신축판매업과 건물신축판매업은 재화를 공급하는 사업에 해당한다.

③ 과세사업에 계속 사용하던 사업용 고정자산인 건축물을 매각하는 경우 해당 사업과 관련하여 일시적 또는 우연히 공급하는 재화의 공급에 해당하여 부가가치세가 과세된다.

☞ 참고로 앞의 기준은 부가가치세의 과세를 판단하기 위한 지침에 해당한다. 소득세법은 '사실 판단'을 통해 매매업 여부를 판단한다. 따라서 일정 기간 내에 몇 회 이상 취득 및 양도 같은 행위는 절대적인 기준이 되지 않는다(실무상 주의할 것).

2 핵심 포인트

부동산 매매사업자들이 부닥치는 주요 세금제도부터 정리해보자.

구분	업무주기	내용
① 원천세 신고	다음 월 10일 또는 반기별(7월 10일 또는 다음 해 1월 10일)	직원 등에게 월급을 지급할 때 원천징수한 세액을 납부
② 부가가치세 신고	7월(25일), 다음 해 1월(25일)	전용면적 85㎡ 초과 주택 및 수익형 부동산 중 건물공급가액에 10%만큼을 부과
③ 사업장현황 신고	다음 해 2월 10일까지 신고	사업장현황 및 매출신고
④ 종합소득세 신고	• 일반 : 다음 해 5월 중 • 성실신고대상자 : 다음 해 6월 중	전년도 1월 1일부터 12월 31일까지의 종합소득에 대한 신고

※ 부가가치세와 사업장현황신고

참고로 사업자의 유형에 따른 부가가치세와 사업장현황신고를 정리하면 다음과 같다.

구분		과세사업자		면세사업자
		일반과세자	간이과세자	
연간매출액		1억 400만 원(임대업은 4,800만 원) 이상	좌 금액 미만	–
납부 구조	매출세액	공급가액 × 10%	공급대가 × 부가율 × 10%	없음.
	– 매입세액	매입세액	매입세액×부가율	공제불가
	= 납부 (또는 환급세액)	납부 또는 환급	납부(환급은 불가능)	–
신고·납부기한		7월 25일, 1월 25일	1월 25일(1회)	–
협력의무		• 부가가치세신고 • 세금계산서 교부	• 부가가치세신고 • 세금계산서 교부 불가(단, 일부는 교부)	• 면세수입신고 (2월 10일) • 계산서 발급

☞ 사업장현황신고나 부가가치세신고 또한 실무적으로 매우 중요하다. 이러한 신고를 제대로 하지 못하면 종합소득세가 많아지고, 불필요한 세무간섭을 받을 가능성이 크기 때문이다. 그렇다면 사업장현황신고와 부가가치세신고는 종합소득세 신고와 어떤 관계가 있는가?

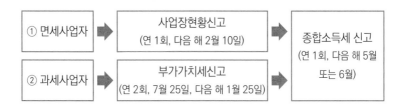

먼저 면세사업자는 사업장현황신고를 통해 매출 및 비용을 보고한 후 5월 중에 종합소득세 신고를 하게 된다. 이때 매출이 100% 확정되고 비용도 어느 정도 확정되기 때문에 향후 종합소득세 신고의 사전성격을 가지게 된다. 다음으로 과세사업자는 매년 2회 정도의 부가가치세신고를 통해 매출과 매입비용을 신고하게 된다. 이때 매출이 100% 확정되고 비용도 어느 정도 확정되기 때문에 종합소득세 신고의 사전성격을 가지게 된다.

매매사업자의 부동산 매매 시 세금계산서·계산서 교부법

부동산 매매사업자가 부동산을 공급 시 세금계산서와 계산서 교부법을 정리하면 다음과 같다.

구분		증빙종류	교부의무
85㎡ 초과 주택	건물분	세금계산서	계산서의 경우 교부의무가 없으나, 거래 상대방이 요청한 경우에는 교부하는 것이 원칙임.
	토지분	계산서	
85㎡ 이하 주택	건물분	계산서	
	토지분	계산서	
상가·오피스텔	건물분	세금계산서	
	토지분	계산서	
토지(나대지 등)		계산서	

부동산 매매업
사업자등록 신청하기

이제 본격적으로 부동산 매매업을 시작한다고 하자. 이때 반드시 검토해야 할 것 중의 하나가 바로 사업자등록과 관련된 것이다. 이하에서 이에 대해 알아보자.

1 기본 사례

서울에서 거주하고 있는 김용수 씨는 최근 주택 9채를 취득했다. 이 중 3채는 전용면적이 85m^2를 초과하고, 나머지는 국민주택 규모의 주택에 해당한다. 이러한 주택들은 모두 경매로 낙찰받았으며, 모두 근저당 채무가 있다. 김 씨는 부동산 매매업으로 사업자등록을 하려고 한다. 물음에 답하면?

Q1 사업자등록은 주소지 관할 세무서에다 한꺼번에 할 수 있는가?

부동산 매매업을 영위하는 개인사업자는 '업무를 총괄하는 장소'가 사업장에 해당하므로 이 사업장에 대해서만 사업자등록을 하면 된다.

☞ 이렇게 한 사업장에 대해서만 사업자등록을 한 후 매매용 부동산을 장부에 재고자산으로 계상한다.

Q2 집으로 업무장소를 정할 수 있는가?

업무장소를 집으로 정해 사업자등록을 할 수 있다. 하지만 사업성을 인정받기 위해서는 별도의 업무공간을 마련하는 것이 좋을 것으로 보인다.

Q3 집에서 사용한 전기료나 전화비 등도 비용처리가 가능할까?

원칙적으로 가능하지 않다. 업무관련성이 떨어지기 때문이다.

Q4 사업자등록상 사업자의 형태는 어떻게 정해야 하는가?

보유하는 주택은 전용면적 85㎡ 이하와 초과 주택 모두에 해당하므로 과세사업과 면세사업을 동시에 운영하는 결과가 된다. 따라서 일반과세자로 신청하는 것이 원칙이다.

2 핵심 포인트

사업자등록과 관련된 내용을 정리하면 다음과 같다.

사 업 자 등 록 증

(일반과세자/간이과세자/면세사업자)[1]

등록번호 :

① 상   호 :

② 성   명 :   ③ 생년월일 :

④ 개 업 연 월 일 :   년   월   일

⑤ 사업장소재지[2] :

⑥ 사 업 의 종 류 :   업태[3]   종목[3]

⑦ 교 부 사 유 :

⑧ 공 동 사 업 자 :

⑨ 주 류 판 매 신 고 번 호 :

⑩ 사업자단위과세 적용사업자 여부 : 여(   ) 부(   )

⑪ 전자세금계산서 전용 전자우편주소 :

년   월   일

○○세무서장   직인

---

[1]. 일반과세자/간이과세자/면세사업자 : 일반과세자는 연간매출액이 1억 400만 원(부동산 임대업 4,800만 원) 이상인 경우, 간이과세자는 이에 미달하는 사업자를 말한다. 면세사업자는 부가가치세 가 면세되는 사업자를 말한다. 과세와 면세업의 겸업사업자는 일반과세자로 등록한다.

[2]. 사업장소재지 : 부동산 매매업의 경우 업무를 총괄하는 장소가 사업장소재지가 된다.

[3]. 업태와 종목 : 업태는 사업의 형태, 종목은 구체적인 사업종류를 말하며, 이를 줄여서 업종이라고 한다.

※ 사업자등록 신청 시 제출서류

사업자등록은 원칙적으로 사업개시일 이후 20일 내에 해야 한다. 이
때 다음과 같은 서류를 첨부해야 한다.

1. 사업자등록신청서 1부
2. 임대차계약서 사본(사업장을 임차한 경우에 한함)
3. 동업계약서(공동사업자인 경우)
4. 대리인 신청 시 : 위임장
 * 상가건물임대차보호법에 의한 확정일자를 받고자 하는 경우
 - 임대차계약서 원본
 - 임차한 사업장이 건물의 일부인 경우 해당 부분의 도면

3 실전 연습

1. K씨는 다음과 같은 거래를 하려고 한다. 물음에 답하면?

자료

① 상황 1 : K씨는 매매사업자등록을 했다.
② 상황 2 : K씨는 사업자등록 없이 부가가치세법상 1과세기간(6개월) 내에 1회 취
득하고 1회 양도했다.
③ 상황 3 : K씨는 사업자등록한 후 1년 동안 1회 취득하고 1회 양도했다.

Q1 앞의 상황 1의 경우 사업자로 인정받는가?

일단 본인이 사업을 하겠다고 관할 세무서에 사업자등록을 신청해 사업
자등록증을 받은 경우에는 사업자의 지위를 유지한 것으로 볼 수 있다. 다
만, 사업자등록을 했다고 무조건 사업성을 보장하는 것은 아님을 유의해야
한다. 다음의 집행기준을 참조하자.

※ 사업자등록의 의미(부가가치세 집행기준 8-0-1)

사업자등록이란 부가가치세 업무의 효율적인 운영을 위하여 납세의무자의 사업에 관한 일련의 사항을 세무관서의 공부에 등재하는 것이므로 사업자등록증의 발급이 해당 사업자에게 사업을 허용하거나 사업경영을 할 권리를 인정하는 것은 아니다.

Q2 앞의 상황 2의 경우 사업자로 인정받는가?

부가가치세법 집행기준(2-4-5)에 의하면 해당 기간 내에 '1회 이상 취득하고 2회 이상 판매'한 경우로 규정되어 있다. 다만, 이러한 규정은 예시에 불과하므로 사실관계 판단을 통해 사업자로 인정될 수 있다.

Q3 앞의 상황 3의 경우 해당 자산은 판매용 재고자산인가?

일단 사업자등록이 되어 있으므로 해당 자산은 재고자산에 해당할 가능성이 크다. 그런데 문제는 개인사업자가 소유한 부동산은 개인명의로 등기되어 있으므로 이를 판매용 재고 주택으로 분류하기 위해서는 후속 조치가 필요하다.

☞ 여기서 후속 조치란 일반적으로 해당 자산을 재무상태표상 '재고자산'으로 등재하는 것을 말한다. 물론 이렇게 등재한 후 관할 세무서에 재무제표 등을 신고하는 행위가 뒤따라야 한다.

2. 부산광역시에서 거주하고 있는 L씨는 현재 1세대 2주택을 보유하고 있다. 그런데 이 주택은 일시적 2주택에 해당되어 비과세를 받을 수 있는 상황이다. L씨는 앞으로 틈틈이 경매를 통해 주택을 추가로 구입해 이를 판매하고자 한다. 그런데 문제는 아파트를 추가

로 구입하게 되면 1세대 3주택 이상이 되어 종전 주택에 대한 비과세를 받지 못할 우려가 있다는 것이다. L씨는 어떻게 해야 이 문제를 해결할 수 있을까?

이 사례는 현재 부동산 매매사업자등록을 하려고 하는 사람들이 가장 궁금하게 생각한 것 중의 하나에 해당된다. 순차적으로 이에 대한 답을 찾아보자.

STEP 1 쟁점은?

매매사업자등록을 한 이후에 취득한 주택이 판매용 재고 주택에 해당하는지의 여부가 쟁점이 된다. 이에 해당하면 1세대 1주택(일시적 2주택 포함) 비과세를 판정함에 있어 부동산 매매사업자의 판매용 재고 주택은 주택 수에 포함하지 않기 때문이다.

STEP 2 세법 규정은?

양도하는 주택이 판매용 재고 주택에 해당되는지, 또는 거주 주택에 해당되는지 여부에 대해 세법에 명시적인 규정은 없으나, 과세당국은 예규 등을 통해 이를 해결하고 있다. 즉 이와 관련된 예규(서면4팀-558, 2007. 02. 12 등)에서는 판매용 재고 주택의 해당 여부는 '부동산 취득 및 보유현황, 양도의 규모, 횟수 등에 비추어 그 양도가 수익을 목적으로 하고 있는지 여부, 건물을 임대 목적 또는 분양목적으로 취득하였는지 여부, 부동산 매매업의 사업활동으로 볼 수 있을 정도의 계속성과 반복성이 있는지 등을 고려하여 관할 세무서장이 판단할 사항'이라고 하고 있다.

STEP 3 L씨는 어떻게 해야 하는가?

앞의 예규를 보면 L씨가 사업자등록 이후 취득한 주택이 판매용 재고 주택에 해당하는지의 여부는 최종적으로 관할 세무서장이 판단하도록 하고 있다. 따라서 관할 세무서장의 판단에 따라 과세 여부가 달라질 수 있으므로 사전에 사업성을 인정받을 수 있는 등의 조치를 확실히 취해둘 필요가 있다.

※ 사업용 주택으로 인정받기 위한 조치

첫째, 사업을 위해 보유한 주택이 재고자산임을 입증하도록 한다.
이를 위해서는 보유한 주택을 재무상태표상 재고자산으로 반영한다.
물론 사전에 매매사업자등록이 되어 있어야 한다.

둘째, 사업성을 최대한 확보한다.
일반적으로 사업은 계속적·반복적으로 영리행위를 하는 것을 말하므로 최대한 사업성[7]을 확보할 수 있도록 한다. 사업자등록을 했더라도 사업성을 인정받기가 힘들 수 있기 때문이다.

셋째, 이외에 적극적으로 법인을 설립하는 것도 생각해볼 수 있다.
법인은 개인과 완전히 분리되는 인격체이므로 법인설립을 통해 주택을 매매하면 모두 사업용 주택으로 인정받을 수 있다. 다만, 법인을 설립할 경우 미리 설립비용, 취득세 중과세 문제, 이익배당과 관련된 제세 문제를 검토해야 한다.

---

7) 실무적으로 어떻게 해야 '사업성'을 확보할 수 있는지의 여부를 판단하는 것은 매우 난해하다. 저자 등과 상의하는 것이 좋을 것으로 보인다.

☞ 사업장소의 중요성

부동산 매매업에 있어서 사업장소가 매우 중요하다. 사업장이 있다면 사업자등록증을 받기 쉽고 사업성도 인정받기 쉽기 때문이다. 부가가치세법 시행령 제8조에서는 다음과 같이 건설업과 부동산 매매업에 대한 사업장소를 정하고 있다.

구분	내용
가. 법인인 경우	법인의 등기부상 소재지(등기부상의 지점 소재지를 포함한다)
나. 개인인 경우	사업에 관한 업무를 총괄하는 장소

💡TIP 직장인과 사업자등록

부동산 매매사업자등록을 할 때 부닥치는 세무상 쟁점들을 Q&A 방식으로 풀어보자.

Q1 부동산 매매업은 면세사업자인가, 과세사업자인가?

주로 면세가 되는 품목(예 : 토지나 85㎡ 이하 주택)을 매매하면 면세사업자에 해당하며, 상가나 85㎡ 초과 주택을 매매하는 경우에는 과세사업자에 해당한다.

Q2 집으로도 사업자등록이 가능한가?

가능하다. 다만, 과세당국으로서는 세원 관리 차원에서 이를 허용하지 않을 수 있다. 따라서 이러한 문제점을 예방하는 동시에 사업성을 인정받기 위해서는 별도의 사업장을 갖추는 것이 좋다.

※ 사업장의 정의(부가가치세법 제6조)

　① 사업자의 부가가치세 납세지는 각 사업장의 소재지로 한다.

　② 제1항에 따른 사업장은 사업자가 사업을 하기 위하여 거래의 전부 또는 일부를 하는 고정된 장소로 하며, 사업장의 범위에 관하여 필요한 사항은 대통령령으로 정한다.

　③ 사업자가 제2항에 따른 사업장을 두지 아니하면 사업자의 주소 또는 거소(居所)를 사업장으로 한다.

Q3 **직장인도 매매사업자등록이 가능한가?**

가능하다. 다만, 직장인이 사업을 할 수 있는지에 대해 쟁점이 될 수 있으나 등록을 무조건 거부할 수는 없다.

※ 사업자등록의 중요성

사업상의 목적으로 부동산 매매업 사업자등록을 하고 부동산을 취득해 양도하는 경우에는 거래 건수와 관계없이 사업소득으로 과세된다. 다만, 이 경우 사업성 여부가 중요하며 사업자등록을 했다는 것이 그 판단에 있어 절대적인 것은 아니나, 일반적으로 사업자등록을 했다면 사업목적으로 거래한 것으로 볼 수 있다.

☞ 직장인의 경우 최대한 사업성 요건을 갖추는 것이 중요하다.

Q4 **사업자 명의를 배우자 명의로 해도 되는가?**

가능하다. 다만, 사업자가 실제로 사업을 하지 않는다면 등록이 되지 않을 가능성이 있다. 참고로 배우자 명의로 사업자등록을 하면 건강보험료가 추가될 수 있다. 따라서 사업자등록을 할 때는 이러한 부분도 감안해야 한다.

Q5 **부동산 매매업도 자금출처조사를 받는가?**

그럴 수 있다. 특히 사업자등록을 할 때 자금내용을 기재하는 란이 있는데, 자기자금과 타인자금의 출처에 대해 미리 소명하는 것이 좋을 것이다.

Q6 **사업자등록증은 곧바로 받을 수 있는가?**

이상의 진행 과정이 정당하다면 관할 세무서의 납세 서비스센터에서 사업자등록증을 2일 이내 발급받을 수 있다. 다만, 사업장 시설이나 사업장현황을 확인하는 데 필요하다고 인정되는 경우에는 신청일로부터 5일 내로 다소 늦어질 수 있다. 그러나 이는 위장가맹 혐의가 있는 사업자 등 극히 예외적인 경우에 해당한다.

Q7 **사업자등록을 허위로 하는 경우 어떤 불이익이 있는가?**

명의위장사업자에 대해 허위등록 가산세가 공급가액의 1%로 부과된다. 부인을 제외한 자녀나 부모 등의 명의로 사업을 하면 이에 대한 가산세 제재를 받게 되므로 주의해야 한다.

사업장현황신고
(면세사업자)

부가가치세 면세사업을 영위하는 부동산 매매사업자들은 부가가치세 신고 대신에 다음 해 2월 10일까지 사업장현황신고를 해야 한다. 이하에서는 이에 관한 신고를 할 때 주의해야 할 것들을 위주로 살펴보자.

1 기본 사례

K씨는 다음과 같이 매매사업자등록을 했다. 물음에 답하면?

Q1 **K씨가 앞으로 행해야 하는 납세협력의무는?**

K씨는 면세사업자에 해당하므로 부가가치세 신고의무는 없지만 그 대신 사업장현황신고를 해야 한다. 그리고 5월 중에 종합소득세 신고를 해야 한다. 참고로 직원 등에게 급여를 지급하는 경우에는 원천세를 신고해야 한다.

Q2 **사업장현황신고는 무엇이고, 어떻게 하는 것을 말하는가?**

부가가치세 면세사업을 영위하는 개인사업자가 다음의 내용을 다음 해 2월 10일까지 관할 세무서에 신고하는 제도를 말한다.

- 사업자 인적사항
- 업종별 수입금액 명세
- 시설현황(2019. 1. 1 이후 신고분부터 삭제)
- 수입금액의 결제수단별 내역
- 계산서 · 세금계산서·신용카드매출전표 및 현금영수증 수취내역
- 임차료 · 매입액 및 인건비 등 비용내역(2019. 2. 12 이후 신고분부터 삭제)
- 그밖에 사업장의 현황과 관련된 사항으로서 기획재정부령으로 정하는 사항

Q3 **사업장현황신고를 하지 않으면 어떤 불이익이 뒤따르는가?**

의료업, 수의사업, 약국업만 제외하고는 별다른 불이익이 없다.

2 핵심 포인트

부가가치세가 면세되는 부동산 매매사업자들은 다음과 같은 협력의무를 이행해야 한다.

1) 사업장현황신고

- 사업장현황신고는 면세사업자가 다음 해 2월 10일까지 면세수입 금액 등을 신고하는 제도다.
- 매출을 누락하거나 허위로 기재해 보고한 경우에는 가산세가 부과된다. 단, 가산세는 의료업 등 몇 가지 업종만 해당한다.

2) 종합소득세 신고

다음 해 5월 중에 종합소득세를 신고 및 납부해야 한다. 이때 중과 대상 부동산 등은 비교과세를 적용하게 된다.

3 실전 연습

K씨는 면세사업자로서 다음과 같이 사업장현황신고서를 제출했다. 물음에 답하면?

사업장현황신고서

1. 인적사항					

2. 수입금액(매출액) 내역 (단위 : 원)

업태	종목	업종코드	수입금액(매출액)		
			소계	계산서 발행금액	그 밖의 수입금액
01					3억 원
⑲ 합계					

3. 수입금액(매출액)결제수단별 구성명세 (단위 : 원)

4. 계산서·세금계산서·신용카드 수취금액 (단위 : 원)

합계	계산서를 받고 매입한 금액	세금계산서를 받고 매입한 금액	신용카드 등으로 매입한 금액 (중복분은 제외)	
		1,000만 원	2억 3,000만 원	

5. 기본경비(연간 금액) (단위 : 원)

합계	임차료	매입액	인건비	그 밖의 제 경비
2억 4,000만 원	1,000만 원	2억 3,000만 원		

Q1 이 신고서는 무조건 제출해야 하는가?

면세사업자에 한해 제출해야 한다. 다만, 이 신고서를 제출하지 않아도 별도의 불이익은 없다(단, 의사 등 일부 업종은 가산세 있음).

Q2 신고서를 작성할 때 비용도 정확히 신고해야 하는가?

아니다. 비용은 5월 종합소득세 신고 때 신고하면 된다.

Q3 이 신고서를 토대로 종합소득세를 예측하면?

단, 기타비용이 2,000만 원, 종합소득공제액은 1,000만 원이며, 예정신고 때 미리 1,000만 원 정도를 납부했다.

앞의 자료에 따라 세금을 계산해보면 다음과 같다.

- 소득금액 : 4,000만 원(매출 3억 원 - 비용 2억 6,000만 원)
- 과세표준 : 3,000만 원(소득금액 4,000만 원 - 종합소득공제액 1,000만 원)
- 산출세액 : 324만 원(과세표준 × 15% - 누진공제 126만 원)
- 환급받을 세액 : 676만 원(기납부세액 1,000만 원 - 산출세액 324만 원)

부가가치세신고
(일반과세자)

부동산 매매사업자들은 부동산 거래 과정에서 발생하는 부가가치세를 정확히 이해하고 있어야 한다. 건물공급가액의 10%만큼 이 세금이 발생할 수 있기 때문이다. 이하에서 부동산 매매사업자들이 알아두어야 할 부동산 거래와 관련된 부가가치세를 다루어보자.

1 기본 사례

다음의 거래에 대한 부가가치세 과세 여부에 대해 판단을 하면?

> **자료**
>
> ① K씨는 비사업적으로 주택을 양도했다.
> ② K씨는 85㎡ 초과 주택을 사업적으로 양도했다.
> ③ K씨는 상가임대 중에 이를 양도했다.

앞의 세 가지 거래에 대한 부가가치세 과세 여부를 판단하면 다음과 같다.

- ①의 경우

  비사업자의 지위에서 양도하는 것인 만큼 부가가치세와 무관하다. 부가가치세는 사업적으로 양도하는 경우에 발생하는 세금이기 때문이다.

- ②의 경우

  전용면적 $85m^2$ 초과 주택을 사업적으로 양도하는 것에 해당하므로 이에 대해서는 부가가치세를 계산해 납부해야 한다.

☞ 이러한 이유로 주택 매매사업자가 $85m^2$ 초과 주택을 매매하면 건물 부분에 대해 부가가치세 10%만큼 손해를 보게 된다.

- ③의 경우

  부가가치세 과세사업에 계속 사용하던 사업용고정자산인 건축물을 매각하는 경우에는 재화의 공급으로 부가가치세를 과세하고 있다.

※ 부동산과 부가가치세

구분	부가가치세가 과세되는 경우	비고
주택	• 85㎡ 초과 주택의 사업적 공급	주택 임대 시에는 면세
상가	• 상가의 임대 • 상가의 양도	
토지	• 토지의 임대	토지의 공급에 대해서는 면세

2 핵심 포인트

부동산 매매사업자가 양도하는 주택 중 전용면적 $85m^2$ 초과 주택은 부가가치세 과세대상이 된다. 단, $85m^2$ 초과 주택이라고 하더라도 토지의 공급가액에 대해서는 부가가치세가 없다. 이를 요약해 정리하면 다음과 같다.

구분	부가가치세 발생 여부	비고
토지공급가액	면세	세법에서 면세대상으로 열거하고 있음.
건물공급가액	과세	건물공급가액의 10%가 부가가치세임.

※ 매매사업자가 주의해야 할 부가가치세

- $85m^2$ 초과 주택의 건물공급가액분에 대해서는 부가가치세가 부과된다.
- 토지와 건물의 공급가액을 구분해야 한다(감정가액 → 기준시가순으로 안분).
- $85m^2$ 초과 주택 매매 시 건물공급에 대해서는 세금계산서를 교부하는 것이 원칙이다. 한편 토지의 경우 계산서 교부를 생략할 수 있다.

3 실전 연습

1. K씨는 부동산 매매사업자(일반과세사업자로 등록)로서 보유한 주택에 대해 일시적으로 임대료를 받고 있다. 물음에 답하면?

Q1 당해 임대료는 부가가치세신고할 때 면세 매출액으로 신고하면 되는가?

주택의 임대는 부가가치세 면제 대상이므로 월세를 임대료로 받는 경우 면세 매출액에 해당한다. 따라서 부가가치세를 신고할 때 면세 매출액 기입란에 이 내용을 포함해 신고한다.

Q2 전용면적 85㎡ 초과 주택에 대한 임대료 수령 시 세금계산서를 발행해야 하는가?

국민주택 규모를 초과하는 주택을 공급하는 경우에는 부가가치세 과세대상이지만, 주택의 임대에 대해서는 국민주택 규모를 초과하더라도 면세를 적용받게 되므로 세금계산서를 발급할 필요가 없다.

Q3 향후 부동산 매매업을 폐업할 경우 전용면적 85㎡ 초과 주택의 건물 부분에 대해서 부가가치세를 부담해야 하는가?

당초 해당 주택을 매입 시 부가가치세를 환급받지 않았다면 폐업으로 인해 납부할 부가가치세도 없다. 하지만 환급을 받은 경우라면 부가가치세를 납부해야 한다(폐업 시 잔존재화).

2. K씨는 20×4년 12월에 전용면적이 국민주택 규모(85㎡)를 초과하는 아파트 2채를 경매로 낙찰받았다. 그리고 20×5년 1월 5일에 부동산 매매사업자 등록을 했다. 낙찰받은 아파트 2채 중 1채는 20×5년 1월 20일에 경락잔금을 법원에 납부했고, 나머지 1채는 2월 5일에 납부할 예정이다. 물음에 답하면?

Q1 K씨가 경락받은 아파트를 비사업자인 개인에게 매도할 경우 부가가치세 과세대상에 해당하는가?

사업자등록을 한 상태에서 부가가치세 대상 물건을 양도하면 건물공급가액의 10%에 해당하는 부가가치세가 과세된다. 따라서 거래 상대방이 개인이든, 사업자든 불문하고 건물가액의 10%에 해당하는 부가가치세를 징수해 납부해야 한다.

Q2 **만일 부가가치세 과세대상이라면 부동산 매매업 사업을 폐업하고 매도해도 부가가치세 과세대상인가?**

부동산 매매업의 사업자등록을 폐업하더라도 일시적인 아파트 매도로 보지 않고 사업성이 있다고 판단했을 경우 관할 세무서에서 직권등록할 수 있다. 따라서 이렇게 되면 부가가치세가 과세될 수 있다. 이처럼 폐업 후 바로 처분한 경우에는 부가가치세가 과세될 수 있으므로 주의해야 한다.

☞ 사업성 여부에 관해서는 거래 형태 및 내용을 종합적으로 검토해 관할 세무서장이 사실 판단한다.

---

①TIP **85㎡ 초과 주택 부가가치세 없이 처리하는 방법**

- 포괄양수도로 거래 → 매매업을 포괄적으로 양수도하는 방법을 말함.
- 임대용 주택으로 양도 → 주택을 임대한 상태에서 양도하면 면세용역에 부수되는 재화로 보아 부가가치세를 면제함.
- 개인용으로 양도 → 사업용이 아닌 개인용으로 양도하는 방법을 말함.

종합소득세 신고
(모든 매매사업자)

부동산 매매업은 사업소득의 일환이나 자칫 조세회피의 가능성이 있으므로 일반 사업자에 비해 다른 과세방식을 두고 있다. 예를 들어 양도일의 말일로부터 2개월 내에 예정신고·납부를 해야 하고, 다음 해 5월 중에 확정신고를 하게 된다. 그런데 확정신고 때에는 중과 대상 주택(분양권 포함)과 토지에 대해서는 비교과세를 적용하게 된다.

1 매매사업자의 매매차익 예정신고

매매차익 예정신고는 확정신고에 앞서 탈루를 예방하는 관점에서 대략적으로 신고하도록 하는 제도를 말한다. 따라서 이때는 간소하게 업무 처리가 진행된다. 참고로 이에 대한 의무를 불이행하면 가산세가 부과된다.[8]

---

8) 신고불성실가산세와 납부지연가산세가 부과된다.

1) 신고·납부기한

부동산 매매사업자가 토지 또는 건물을 매매한 경우에는 매매일이 속하는 달의 말일부터 2개월이 되는 날까지 토지 등 매매차익 예정신고를 해야 한다. 이때 토지 등의 매매차익이 없는 경우나 매매차손이 발생한 경우에도 신고해야 한다.

2) 계산방법

토지 등 매매차익 예정신고·납부세액은 다음과 같이 양도세 계산방법을 준용해 계산한다.

매매가액
- 양도자산의 필요경비 상당액*
- 토지 등의 건설자금에 충당한 금액의 이자
- 토지 등의 매도로 인해 법률에 따라 지급하는 공과금
- 장기보유특별공제액
= 토지 등 매매차익
× 양도세율(중과세 대상이 아닌 경우에는 일반세율(6~45%), 중과세율이 적용되는 경우에는 중과세율(Max[단기양도세율, 중과세율])을 적용한다)
= 산출세액

* 양도자산의 필요경비 상당액은 다음의 금액을 포함한다.
- 취득원가 : 현재가치할인차금을 포함하되 부당행위계산에 의한 시가초과액은 제외하고, 소유권확보를 위한 소송비용·화해비용 등을 포함함
- 자본적 지출액, 용도변경·개량·이용편의비용, 개발부담금, 재건축부담금, 수익자부담금, 장애철거비용, 도로시설비 등
- 과세표준신고서 및 계약서 작성비용, 공증비용, 인지대 및 소개비 등 양도비용

3) 적용 사례

사례를 통해 앞의 내용을 정리해보자.

- 양도가액 4억 원, 취득가액 2.9억 원, 중개수수료 등 1,000만 원
- 보유기간 6개월

Q1 앞의 주택을 양도하면 매매차익은 얼마인가?

앞에서 본 식에 따라 계산하면 다음과 같다.

- 매매가액 – 취득가액 – 필요경비 – 장기보유특별공제

  = 4억 원 – 2.9억 원 – 1,000만 원 = 1억 원

Q2 사례에서 적용되는 세율은? 앞의 주택은 중과 대상이 아니라고 하자.

원래 보유기간이 1년 미만인 주택은 70%의 양도세율이 적용된다. 하지만 매매차익 예정신고 시 중과 대상이 아닌 주택은 무조건 종합소득세 기본세율인 6~45%가 적용된다.

Q3 만일 앞의 주택은 3주택 중과 대상이라고 하자. 이 경우 적용되는 세율은?

이 경우에는 Max[70%, 6~45%+30%p]가 적용된다. 따라서 이 경우에는 매매차익의 70%로 과세된다.

Q4 예정신고 시에 매매가액에 기준경비율을 곱해 신고할 수 있는가?

그렇다. 어차피 예정신고는 확정신고가 아니므로 이렇게 신고하더라도 가산세를 부과하지 않는다(기준경비율제도는 239페이지를 참조할 것).

2 매매차익 확정신고

매매차익 예정신고를 이행했다고 하더라도 다음 해 5월(성실신고는 6월) 중에 확정신고를 해야 한다. 이때 예정신고 시 납부한 세액과 확정신고 시 납부해야 할 세액을 비교해 전자가 더 많으면 환급을, 후자가 더 많으면 추가 납부를 하게 된다.

1) 신고·납부기한

부동산 매매사업자가 토지 또는 건물을 매매한 경우에는 매매일이 속하는 연도의 다음 해 5월(성실신고는 6월)에 확정신고를 해야 한다.

2) 계산방법

① 비교 대상 자산이 없는 경우
- 종합소득 산출세액 : 종합소득 과세표준×6~45%

② 비교 대상 자산이 있는 경우

종합소득금액에 제104조 제1항 제1호(주택분양권에 한정)·제8호(비사업용 토지)·제10호(미등기 양도자산) 또는 같은 조 제7항(중과 대상 주택) 각 호의 어느 하나에 해당하는 자산의 매매차익이 있는 자의 종합소득 산출세액은 다음 각 호의 세액 중 많은 것으로 한다. 이를 비교과세라고 한다.

> 1. 종합소득과세표준 × 6~45%
> 2. [(매매차익*1 - 장기보유특별공제-기본공제) × 양도세율*2] +
>   [(종합소득 과세표준 - 매매차익*1) × 6~45%]

*1. 매매차익=매매가액−양도자산의 필요경비(취득가액, 자본적지출액, 양도비용 등)
*2. 양도세율(법 §104①) : 6~45%, 중과세율 등

3) 적용 사례

서울 마포구에서 거주하고 있는 왕성한 씨는 앞으로 경매 등을 통해 본격적으로 부동산 매매업을 해보려고 한다. 물음에 대해 답을 하면?

Q1 이 부동산은 중과세와 관련이 없다. 이 경우 예정신고와 확정신고는 어떻게 하는가?

• 예정신고 : 매매차익×6~45%로 신고 및 납부한다.
• 확정신고 : 다음과 같은 구조로 계산한다.

구분	비고
매출액 – 비용 = 이익 ± 세무조정	비용에는 인건비, 잡비 등이 포함됨.
= 소득금액 – 종합소득공제	기본공제 등을 말함.
= 과세표준 × 세율(6~45%) = 산출세액	
– 기납부세액	예정신고 때 납부한 금액을 말함.
= 납부할 세액	

Q2 이 부동산이 중과세와 관련이 있다. 이 경우 예정신고와 확정신고는 어떻게 하는가?

• 예정신고 : 매매차익에 대해 중과세율(Max[단기양도세율, 중과세율])로 신고 및 납부한다.
• 확정신고 : 다음과 같은 구조로 계산한다.

비교과세제도가 적용되는 경우 (다음 중 많은 금액)	
양도세	종합소득세
양도가액	매출액
− 취득가액	− 비용
− 기타필요경비	= 이익
= 양도차익	± 세무조정
− 장기보유특별공제	= 소득금액
− 기본공제	− 종합소득공제
= 과세표준	= 과세표준
× 세율(중과세율*)	× 세율(6~45%)
= 산출세액	= 산출세액

* 중과세 대상 부동산을 단기매매 시 양도세율 적용법=Max[단기양도세율, 중과세율]

Q3 매매용 주택을 구입할 때 들어간 이자비용도 경비처리를 할 수 있는가?

해당 주택이 중과 대상 주택이 아니면 종합소득세로 세금을 내므로 이 경우 경비처리가 가능하다. 하지만 해당 주택이 중과 대상 주택이면 양도세로 세금을 내므로 이 경우에는 경비처리를 할 수 없다.

ⓘ TIP 부동산 매매업에 대한 예정신고와 확정신고 요약

부동산 매매사업자들은 매매차익이 발생할 때마다 매매차익이 발생한 날의 말일부터 2개월 내에 매매차익 예정신고 및 납부를 해야 한다. 그리고 다음 해 5월(성실신고확인대상자는 6월) 중에 확정신고를 해야 한다.

구분	① 예정신고	② 확정신고*	비고
주택 매매	○	○	
상가 매매	○	○	
토지 매매	○	○	

* 중과세가 적용되는 부동산은 비교과세(양도세와 사업소득세 중 큰 금액으로 과세)제도가 적용된다.

■ 소득세법 시행규칙 [별지 제16호서식](2021. 03. 16 개정)

토지 등 매매차익 예정신고서 및 납부계산서
(년 월 귀속)

※ 뒤쪽의 작성방법을 읽고 작성해주시기 바랍니다. (앞쪽)

관리번호			처리기간	즉시

신고인	① 성명		② 주민등록번호	
	③ 주소		④ 전화번호	

구분		세율구분코드	세율구분코드	합계
매매가액(실지거래가액)	⑤			
필요경비	⑥			
장기보유특별공제	⑦			
토지 등 매매차익(⑤-⑥-⑦)	⑧			
기신고(결정)된 매매차익 합계액	⑨			
토지 등 매매차익 합계액(⑧+⑨)	⑩			
양도세 세율	⑪			
산출세액	⑫			
가산세	⑬			
기납부세액	⑭			
납부할 총세액(⑫+⑬-⑭)	⑮			
분납할 세액(2개월 이내)	⑯			
신고기한 내 납부할 세액(⑮-⑯)	⑰			

신고인은 소득세법 제69조에 따라 위 내용을 신고하며, 위의 내용을 충분히 검토했고 신고인이 알고 있는 사실 그대로를 정확하게 적었음을 확인합니다.

년 월 일

신고인 (서명 또는 인)

세무대리인은 조세전문자격자로서 위 신고서를 성실하고 공정하게 작성했음을 확인합니다.

세무대리인 (서명 또는 인)

세무서장 귀하

신고인 제출 서류	1. 토지 등 매매차익 계산명세서(부표) 1부	수수료 없음
	2. 매매계약서 및 필요경비 증명서류 1부	
담당 공무원 확인 사항	1. 건물(토지)등기부 등본	
	2.건축물(토지)대장	

210mm×297mm[백상지80g/㎡ 또는 중질지80g/㎡]

■ 소득세법 시행규칙 [별지 제16호서식 부표 2](2021. 03. 16 개정)

토지 등 매매차익 계산명세서(기준경비율 적용대상자)

※ 뒤쪽의 작성방법을 읽고 작성해주시기 바랍니다. (앞쪽)

관리번호			처리기간 즉시

❶ 인적사항

① 상호		② 사업자등록번호	
③ 성명		④ 생년월일	
⑤ 사업장 소재지			

❷ 양도자산 명세

⑥ 세율구분(코드)		
⑦ 자산종류		
⑧ 부동산 소재지		

❸ 매매가액 계산

⑨ 양도일		
⑩ 양도면적		
⑪ 매매가액		

❹ 매매차익 계산

기준소득금액	필요경비	주요경비	⑫ 기초재고자산에 포함된 주요경비	
			⑬ 당기에 지출한 주요경비(=㊱)	
			⑭ 기말재고자산에 포함된 주요경비	
			⑮ 계(⑫+⑬-⑭)	
		기준경비율에 의해 계산한 경비	⑯ 기준경비율	
			⑰ 금액(⑪×⑯)	
		⑱ 필요경비 계(⑮+⑰)		
	⑲ 기준소득금액(⑪-⑱)			
비교소득금액 비교	단순경비율에 의해 계산한 소득금액	⑳ 단순경비율		
		㉑ 금액[⑪×(1-⑳)]		
	㉒ 비교소득금액(㉑×소득세법 시행규칙 제67조에서 정하는 배율)			
㉓ 소득금액(⑲ 또는 ㉒ 중 적은 금액)				

❺ 당기 지출 주요경비 계산명세

구분	계(A)(=B+C+D)	정규증빙서류 수취금액(B)	주요경비지출명세서 작성금액(C)	주요경비지출명세서 작성제외금액(D)
매입비용	㉔	㉕	㉖	㉗
임차료	㉘	㉙	㉚	㉛
인건비	㉜	㉝	㉞	㉟
계(㊱=⑬)	㊱	㊲	㊳	㊴

첨부서류	주요경비지출명세서 1부.	수수료 없음

210mm×297mm[백상지80g/㎡ 또는 중질지80g/㎡]

종합소득산출세액계산서(주택 등 매매업자용)

1. 종합소득산출세액 비교

| 구분 | ① 종합소득 금액합계 | 비교산출세액의 계산 | | |
		② 합계	③ 주택 등 매매 차익 외 종합소득	④ 주택 등 매매 차익 합계 (⑤+~+⑪)
㉮ 총 수 입 금 액 (주택 등 매매가액)				
㉯ 필 요 경 비				
㉰ 장기보유특별공제				
㉱ 소 득 금 액				
㉲ 소 득 공 제 (양도소득기본공제)				
㉳ 과 세 표 준				
㉴ 세 율				
㉵ 산 출 세 액				

2.주택 등 매매차익에 대한 산출세액의 계산

구분	⑤ 누진세율 적용자산	⑥ 누진+10% 세율 적용자산	⑦ 누진+20% 세율 적용자산	⑧ 누진+30% 세율 적용자산	⑨ 40% 세율 적용자산	⑩ 50% 세율 적용자산	⑪ 60% 세율 적용자산	⑫ 70% 세율 적용자산
㉮ 총 수 입 금 액 (주택 등 매매가액)								
㉯ 필 요 경 비								
㉰ 장기보유특별공제								
㉱ 소 득 금 액								
㉲ 소 득 공 제 (양도소득기본공제)								
㉳ 과 세 표 준								
㉴ 세 율								
㉵ 산 출 세 액								

210㎜×297㎜(백상지 80g/㎡)

제 6 장

실전 매매업
종합소득세
신고요령

주택 매매차익 예정신고와 확정신고
(비교과세 대상이 아닌 경우)

주택 매매사업자등록을 해서 사업자 지위에서 주택을 양도했다고 하자. 이 경우 매매차익 예정신고와 종합소득세 확정신고를 해야 하는데 실전에서 어떻게 하는지 사례를 통해 알아보자. 단, 해당 주택은 양도세 중과세율이 아닌 기본세율이 적용된다고 하자.

1 기본 사례

K씨는 이번에 다음과 같이 사업용 주택을 매매했다. 물음에 답하면?

① 양도가액 : 3억 원
② 취득가액 등 : 2억 5,000만 원
③ 보유기간 : 3개월

- 이 주택은 중과 대상이 아님.

Q1 만약 이를 양도세로 신고하면 얼마나 될까? 단, 기본공제 250만 원을 미공제한다.

차익이 5,000만 원이므로 이에 70%를 적용하면 3,500만 원이 된다.

Q2 매매차익 예정신고를 하려고 하는데 이때 내야 할 세금은 얼마인가?

이는 매매사업자로 내는 세금이므로 다음과 같이 계산한다.

구분	금액	비고
매매가액	3억 원	
- 필요경비	2억 5,000만 원	
- 장기보유특별공제	0원	3년 미만 보유에 해당
= 토지 등 매매차익	5,000만 원	
+ 기신고(결정)된 매매차익 합계액	0원	
= 토지 등 매매차익 합계액	5,000만 원	
× 양도세 세율(6~45%)	24%	보유기간을 불문하고 6~45%를 적용하도록 되어 있음 (소득세법 제69조 제3항).
- 누진공제	576만 원	
= 산출세액	624만 원	

Q3 양도세에 비해 얼마나 차이가 나는가?

대략 2,800만 원 정도 차이가 난다. 이외 지방소득세를 고려하면 차이액은 더 커진다.

2 핵심 포인트

중과세가 적용되지 않는 주택에 대한 매매차익 예정신고와 확정신고 방법을 정리하면 다음과 같다.

1) 매매차익 예정신고 및 납부

중과세가 적용되지 않는 주택에 대한 매매차익 예정신고 및 납부는 어떻게 하는지 살펴보자.

매매차익계산

- 매매차익은 원칙적으로 양도소득과 계산방법이 같다.
- 예정신고 때는 기준경비율로 필요경비를 신고해도 무기장가산세가 없다.
- 3년 이상 보유 시 장기보유특별공제도 적용 가능하다.

매매차익 예정 신고서 작성

- 법정서식인 예정신고서에 맞춰 신고서를 작성한다.
- 세율은 양도세 세율을 적용하나 법에서는 보유기간을 불문하고 6~45%를 적용하도록 하고 있다.

매매차익 예정 신고 및 납부

- 매매차익 예정신고는 매매말일로부터 2개월 내에 주소지 관할 세무서에 한다.
- 무신고 시 가산세 20%가 적용된다.

2) 매매차익 확정신고 및 납부

주택 매매사업자가 종합소득세를 신고하는 절차를 알아보면 다음과
같다.

장부 작성
- 주택 매매사업자는 원칙적으로 복식부기에 의해 장부를 작성해야 한다.
- 사업자가 무기장 시 원칙적으로 20% 가산세가 있다.

종합소득 금액계산
- 매매사업소득금액은 매출에서 사업 관련 경비를 차감해 계산한다.
- 이때 사업 관련 경비에는 매매 시의 필요경비뿐만 아니라 일반 관리비도 포함한다.
- 다른 사업소득이나 근로소득 등 종합소득이 있는 경우에는 이를 합산해 계산한다.

종합소득세 신고 및 납부
- 다음 해 5월 중에 신고 및 납부하는 것이 원칙이다.
- 예정신고 때 납부한 세금은 선납세금으로 종합소득세 신고 때 정산을 하게 된다.

3 실전 연습

앞의 사례에서 종합소득세 신고를 위한 추가 자료가 다음과 같다고
할 때 물음에 답하면?

① 매매사업 관련 경비
  - 이자 : 300만 원
  - 직원식대 : 200만 원
  - 건강보험료 등 : 500만 원
  - 계 : 1,000만 원

② 매매업소득 외 다른 사업소득
  - 매출 : 1억 원
  - 필요경비 : 8,000만 원

③ 종합소득공제
  - 기본공제 등 : 1,000만 원

Q1 K씨가 주택 매매차익에 대해 종합소득세를 신고해야 하는데 계산구조는 어떻게 되는가?

주택 매매사업자도 사업자에 해당하므로 종합소득세 계산구조에 따라 세금을 계산해야 한다. 이를 요약하면 다음과 같다.

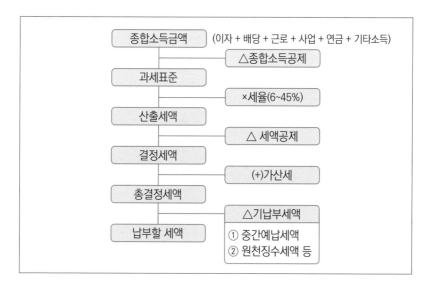

앞의 종합소득금액에는 사업소득금액도 포함되는데, 이 금액은 수입금액에서 필요경비를 차감해서 계산한다.

Q2 사업소득 외의 다른 사업소득은 통산해 세금을 내야 하는가?

당연히 다른 소득도 합산해 종합과세를 적용해야 한다. 따라서 다음과 같은 로직으로 세금계산이 된다.

구분	주택 매매소득	다른 사업소득	합계
수입금액	3억 원	1억 원	
필요경비	2억 6,000만 원*	8,000만 원	
사업소득금액	4,000만 원	2,000만 원	6,000만 원

* 필요경비 = 취득가액 + 일반경비 = 2억 5,000만 원 + 1,000만 원 = 2억 6,000만 원

주택 매매소득도 사업소득의 한 유형이고 사업소득은 다른 종합소득과 합산과세되기 때문에 위와 같이 세금계산을 해야 한다. 이러한 관점에서 보면 매매소득 외 다른 종합소득이 많은 상태에서 매매소득이 발생하면 소득세가 생각보다 크게 증가할 가능성이 높다.

Q3 앞의 사례에서 K씨가 종합소득세를 신고할 때 내야 할 세금은?

이 경우 K씨의 종합소득금액에 대해 기본세율을 적용하고, 예정신고 때 납부한 세액은 산출세액에서 차감이 된다.

구분	금액
종합소득금액	6,000만 원
△종합소득공제	1,000만 원
과세표준	5,000만 원
×세율(6~45%)	24%, 576만 원
산출세액	624만 원
△ 세액공제	–
결정세액	624만 원
(+)가산세	–
총결정세액	624만 원
△기납부세액	624만 원
납부할 세액 ① 중간예납세액 ② 원천징수세액 등	0원

이처럼 종합소득세 계산절차에 따라 산출된 최종 납부할 세액은 0원이 되므로 추가로 납부할 세액 또는 환급받을 세액은 없다.

앞의 종합소득세 계산 결과는 다음과 같이 정리된다.

• 종합소득세 확정신고 때는 일반 사업자들처럼 장부를 작성해 소득금액을 산출한다.
• 예정신고 때 신고한 필요경비보다 범위가 훨씬 더 넓다.
• 예정신고 때 납부한 세액은 종합소득세 신고 때 공제된다.

주택 매매차익 예정신고와
확정신고
(비교과세가 적용되는 경우)

앞의 사례는 중과세가 적용되지 않는 경우를 예로 들어 예정신고와 확정신고하는 방법에 대해 알아보았다. 이하에서는 중과세가 적용되는 주택의 예정 및 확정신고에 대해 알아보자. 이때 주택은 3주택 중과세율이 적용된다고 하자. 참고로 중과세 대상 부동산에 대해 둘 이상의 세율이 적용되는 경우에는 그중 높은 세율로 과세된다는 점에 다시 한번 유의해야 한다.

1 기본 사례

K씨는 이번에 다음과 같이 사업용 주택을 매매했다. 물음에 답하면?

① 양도가액 : 3억 원

② 취득가액 등 : 2억 5,000만 원

③ 보유기간 : 3개월

– 이 주택은 3주택 중과 대상에 해당함.

Q1 만약 이를 양도세로 신고하면 얼마나 될까? 단, 기본공제 250만 원을 미공제한다.

차익이 5,000만 원이므로 다음과 같이 둘 중 많은 세금이 산출세액이 된다.

• Max[①, ②] = 3,500만 원

　① 단기양도 : 5,000만 원 × 70% = 3,500만 원

　② 중과양도 : 5,000만 원 × 54% – 576만 원 = 2,124만 원

Q2 매매차익 예정신고를 하려고 하는데 이때 내야 할 세금은 얼마인가?

이는 매매사업자로 내는 세금이므로 다음과 같이 계산한다.

구분	금액	비고
매매가액	3억 원	
– 필요경비	2억 5,000만 원	
– 장기보유특별공제	0원	3년 미만 보유에 해당
= 토지 등 매매차익	5,000만 원	
+ 기신고(결정)된 매매차익 합계액	0원	
= 토지 등 매매차익 합계액	5,000만 원	
× 양도세 세율	70%	Max[70%, 6~45%+30%p]
– 누진공제	0원	
= 산출세액	3,500만 원	

Q3 양도세에 비해 얼마나 차이가 나는가?

차이가 없다.

2 핵심 포인트

중과세가 적용되는 주택에 대한 매매차익 예정신고와 확정신고 방법을 정리하면 다음과 같다.

1) 매매차익 예정신고

중과세가 적용되는 주택 등에 대한 매매차익 예정신고 및 납부는 어떻게 하는지 살펴보자.

매매차익계산	• 매매차익은 원칙적으로 양도소득과 계산방법이 같다. • 예정신고 때는 기준경비율*로 필요경비를 신고해도 무기장가산세가 없다. 　* 기준경비율은 정부에서 정한 필요경비 인정율로 239페이지 등에서 자세히 알 수 있다. • 3년 이상 보유하더라도 장기보유특별공제는 가능하지 않다.
매매차익 예정 신고서 작성	• 법정서식인 예정신고서에 맞춰 신고서를 작성한다. • 세율은 Max[단기양도세율, 중과세율]를 적용한다.
매매차익 예정 신고 및 납부	• 매매차익 예정신고는 매매 말일로부터 2개월 내에 주소지 관할 세무서에 한다. • 무신고 시 가산세 20%가 적용된다.

2) 매매차익 확정신고

비교과세를 적용받는 매매사업자가 종합소득세를 확정신고하는 절차를 알아보면 다음과 같다.

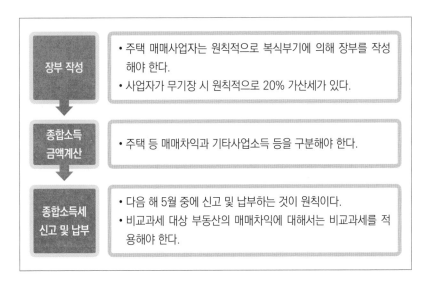

장부 작성	• 주택 매매사업자는 원칙적으로 복식부기에 의해 장부를 작성해야 한다. • 사업자가 무기장 시 원칙적으로 20% 가산세가 있다.
종합소득 금액계산	• 주택 등 매매차익과 기타사업소득 등을 구분해야 한다.
종합소득세 신고 및 납부	• 다음 해 5월 중에 신고 및 납부하는 것이 원칙이다. • 비교과세 대상 부동산의 매매차익에 대해서는 비교과세를 적용해야 한다.

☞ 비교과세가 적용되면 부동산 매매업의 실익이 없어진다. 따라서 이를 적용받지 않기 위해서는 양도세 중과세가 적용되지 않는 주택을 골라야 한다. 이에는 아래와 같은 것들이 있다.

- 다주택자가 2년 이상 보유한 주택들(한시적 중과배제)
- 다주택자가 비조정대상지역에서 보유한 주택들(비조정대상지역 내의 주택은 무조건 중과배제함)
- 중과세 대상 주택 수가 1채인 경우의 해당 주택(중과세 대상 주택 수가 2채 이상인 경우에 한해 중과세제도가 적용됨) 등

3 실전 연습

앞의 사례에서 종합소득세 신고를 위한 추가 자료가 다음과 같다고 할 때 물음에 답하면?

자료

① 매매사업 관련 경비
  - 이자 : 300만 원
  - 직원식대 : 200만 원
  - 건강보험료 등 : 500만 원
  - 계 : 1,000만 원

② 부동산 매매업소득 외 사업소득
  - 매출 : 1억 원
  - 취득가액 : 8,000만 원

③ 종합소득공제
  - 기본공제 등 : 1,000만 원

Q1 K씨가 주택 매매차익에 대해 종합소득세를 신고해야 하는데 계산구조는 어떻게 되는가?

비교과세가 적용되는 경우에는 다음 중 큰 세액을 종합소득세로 계산해야 한다.

① 종합소득세로 계산
② 주택 등 매매차익은 양도세 + 기타 소득은 종합소득세로 계산

Q2 앞의 사례의 경우 종합소득세는 얼마인가?

종합소득세 신고서식에 맞춰 종합소득세를 계산하면 다음과 같다.

1. 종합소득산출세액 비교

구분	① 종합소득 금액 합계	비교산출세액의 계산		
		② 합계	③ 주택 등 매매차익 외 종합소득	④ 주택 등 매매차익 합계(⑤+~+⑪)
㉮ 총 수 입 금 액 (주택 등 매매가액)	4억 원		1억 원	3억 원
㉯ 필 요 경 비	3억 4,000만 원*		8,000만 원	2억 5,000만 원[9]
㉰ 장기보유특별공제				
㉱ 소 득 금 액	6,000만 원		2,000만 원	5,000만 원
㉲ 소 득 공 제 (양도소득기본공제)	1,000만 원		1,000만 원	250만 원
㉳ 과 세 표 준	5,000만 원		1,000만 원	4,750만 원
㉴ 세 율	24%(576만 원)		6%	Max[70%, 6~45%+30%p]
㉵ 산 출 세 액	624만 원	3,385만 원	60만 원	3,325만 원

* 2억 5,000만 원 + 8,000만 원 + 1,000만 원 = 3억 4,000만 원

　　따라서 사례의 경우 비교과세가 적용되므로 624만 원과 3,385만 원 중 많은 세액인 3,385만 원이 산출세액이 된다.

---

9) 매매업과 관련된 일반경비 1,000만 원은 필요경비에 해당하지 않는다. 비교과세가 적용되는 주택은 양도세에서 인정되는 필요경비만 인정되기 때문이다.

TIP 분양권, 입주권, 오피스텔과 비교과세

① 분양권

2024년 5월 현재 분양권을 개인이 양도하면 1년 미만은 70%, 1년 이상은 60%가 적용된다. 분양권은 주택에 대한 양도세 중과세제도가 적용되지 않지만, 비교과세를 적용하도록 열거하고 있으므로 이를 매매사업자가 양도하면 비교과세가 적용된다.

② 입주권

입주권을 개인이 양도하면 1년 미만은 70%, 1~2년 미만은 60%, 2년 이상은 6~45%가 적용된다. 이를 매매사업자가 양도하더라도 비교과세가 적용되지 않는다. 입주권에 대해서는 양도세 중과세를 적용하지 않기 때문이다.

③ 주거용 오피스텔

주거용 오피스텔을 개인이 양도하면 1년 미만은 70%, 1~2년 미만은 60%, 2년 이상은 6~45%가 적용된다. 주거용 오피스텔은 주택에 대한 양도세 중과세제도가 적용되므로 이를 매매사업자가 양도하면 비교과세가 적용된다.

토지 매매차익 예정신고와
종합소득세 신고

　토지 매매 사업자등록을 해서 사업자 지위에서 토지를 양도했다고
하자. 이 경우 매매차익 예정신고와 그리고 다음 해 5월 중에 종합소득
세 신고를 해야 하는데 이에 대해 살펴보자.

1 기본 사례

　K씨는 이번에 다음과 같이 토지를 양도했다. 매매차익에 관한 예정
신고를 하려고 하는데 물음에 답하면?

> **자료**
>
> ① 양도가액 : 3억 원
> ② 취득가액 : 2억 5,000만 원
> ③ 보유기간 : 3개월

Q1 이 토지가 사업용 토지라면 예정신고는 어떻게 해야 하는가?

이 경우 양도차익에 6~45%의 세율을 적용해 예정신고를 한다.

구분	금액	비고
매매가액	3억 원	
– 필요경비	2억 5,000만 원	
– 장기보유특별공제	0원	3년 미만 보유에 해당
= 토지 등 매매차익	5,000만 원	
+ 기신고(결정)된 매매차익 합계액	0원	
= 토지 등 매매차익 합계액	5,000만 원	
× 양도세 세율	24%	사업용 토지 : 6~45%
– 누진공제	576만 원	
= 산출세액	624만 원	

여기에서 특이한 것은 사업용 토지에 대한 보유기간이 1년 미만이므로 50%의 세율이 적용되어야 하나 소득세법 69조에서는 6~45%를 적용하도록 하고 있다. 이렇게 한 이유는 토지 매매차익에 대한 예정신고는 확정신고가 아니며, 과세당국이 세원을 확보하려는 조치에 해당하기 때문이다.

Q2 만일 앞의 토지가 비사업용 토지에 해당하면 예정신고는 어떻게 해야 하는가?

구분	금액	비고
매매가액	3억 원	
– 필요경비	2억 5,000만 원	
– 장기보유특별공제	0원	3년 미만 보유에 해당

구분	금액	비고
= 토지 등 매매차익	5,000만 원	
+ 기신고(결정)된 매매차익 합계액	0원	
= 토지 등 매매차익 합계액	5,000만 원	
× 양도세 세율	50%	Max[단기양도세율, 중과세율]
− 누진공제	−	
= 산출세액	2,500만 원	

비사업용 토지에 해당하는 경우 적용되는 세율이 달라지고 있다.

2 핵심 포인트

매매사업자의 토지에 대한 세금은 다음과 같은 절차를 거쳐 정산한다.

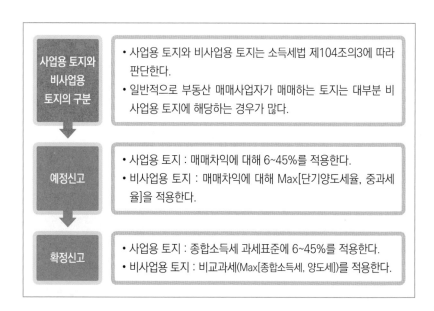

※ 부동산 매매사업자의 세액계산방법(소득세법 집행기준 64-122-2)

종합소득산출세액은 다음 제1호와 제2호 중 큰 금액으로 한다.

> 1. 종합소득과세표준 × 기본세율
> 2. (주택 등 매매차익[*1] – 양도소득 기본공제 – 장기보유특별공제)
>   × 양도세율[*2]) + ((종합소득과세표준 – 주택 등 매매차익[*1]) × 기본세율)

[*1]. 주택 등 매매차익 = 해당 주택·토지의 매매가액 – 양도자산의 필요경비(실질거래가액에 의한 취득가액, 자본적 지출액, 양도비용 등)

[*2]. 양도세율(법§104조①항) : 6~45%, 중과세율 등

3 실전 연습

앞 사례의 K씨가 종합소득세 신고를 앞두고 있다. 토지 매매사업과 관련해 다음과 같은 경비가 추가되었다. 물음에 답하면?

자료

① 매매사업 관련 경비
 – 이자 : 300만 원
 – 직원식대 : 200만 원
 – 건강보험료 등 : 500만 원
 – 계 : 1,000만 원

② 부동산 매매업소득 외 사업소득
 – 매출 : 1억 원
 – 취득가액 : 8,000만 원

③ 종합소득공제
 – 기본공제 등 : 1,000만 원

구분	금액	비고
총 수 입 금 액 (주택등매매가액)	4억 원	
필요경비	3억 4,000만 원	2억 5,000만 원 + 8,000만 원 + 1,000만 원 = 3억 4,000만 원
장기보유특별공제		
소득금액	6,000만 원	
소득공제 (양도소득기본공제)	1,000만 원	
과세표준	5,000만 원	
세율	24%(576만 원)	
산출세액	624만 원	
기납부세액	624만 원	
결정세액	0원	

Q2 앞의 토지가 비사업용 토지에 해당하는 경우 종합소득세는?

토지 매매업 중 비사업용 토지를 양도하는 경우 비교과세가 적용된다. 비교과세가 적용되면 다음 중 큰 금액으로 산출세액이 결정된다.

1. 종합소득산출세액 비교

구분	① 종합소득 금액 합계	비교산출세액의 계산		
		② 합계	③ 주택 등 매매 차익 외 종합소득	④ 주택 등 매매차익 합계(⑤+~+⑪)
㉮ 총 수 입 금 액 (주택 등 매매가액)	4억 원		1억 원	3억 원
㉯ 필 요 경 비	3억 4,000만 원*		8,000만 원	2억 5,000만 원
㉰ 장기보유특별공제				
㉱ 소 득 금 액	6,000만 원		2,000만 원	5,000만 원

⑰ 소 득 공 제 (양도소득기본공제)	1,000만 원		1,000만 원	250만 원
⑱ 과 세 표 준	5,000만 원		1,000만 원	4,750만 원
⑲ 세 율	24%(576만 원)		6%	Max[50%, 6~45%+10%p]
⑳ 산 출 세 액	624만 원	2,435만 원	60만 원	2,375만 원

* 2억 5,000만 원 + 8,000만 원 + 1,000만 원 = 3억 4,000만 원

따라서 둘 중 큰 금액인 2,435만 원이 결정세액이 된다. 여기에서 기납
부세액 2,500만 원을 차감하면 납부세액은 없는 대신 65만 원을 환급받는
다. 이 세금은 기본공제 250만 원에 의해 발생한 것이다.

건물(상가, 오피스텔) 신축 매매업과
매매차익 신고

주택이나 상가 등을 신축해 판매하는 사업과 부동산 매매업은 세법상 차이가 상당하다. 주택 신축판매업은 건설업으로 보아 세금 우대를 하지만, 상가 등 일반건물 신축업은 매매업으로 보아 불이익을 준다. 그리고 기존의 부동산을 사고파는 전형적인 부동산 매매업도 불이익이 있는 것은 마찬가지다. 이하에서 이와 관련된 문제들을 살펴보자.

1 주택을 신축해 판매하는 경우

주택을 신축해 판매하는 사업은 세법상 부동산 매매업이 아닌 건설업으로 본다. 건설업에 해당하면 사업소득에 대해 일반세율(개인 6~45%, 법인 9~24%)로만 과세되며, 소득세·법인세 감면 등의 우대를 받는다. 건설업은 매매업처럼 예정신고의무가 없고, 다음 연도 5월 31일(성실신고

확인대상사업자는 6월 30일, 법인사업자는 보통 3월 31일)까지 확정신고를 하면 된다. 다만, 주택 신축판매업으로 인정받기 위해서는 사업자등록이 필수적이다.

사례

서울 성동구에 거주하고 있는 K씨는 다가구주택을 한 채 지어서 판매하고자 한다. 이 경우에도 신축판매업에 해당하는가?

그렇다. 세법에서는 1동의 주택을 신축해 판매하는 경우에도 건설업에 해당한다고 하고 있다. 예를 들어 단독주택이나 다가구주택을 신축해 판매하는 경우가 이에 해당한다. 이외에도 다음과 같은 경우가 건설업에 해당한다.

- 건설업자에게 도급을 주어서 주택을 신축하는 경우
- 종전부터 소유하던 자기 토지 위에 주택을 신축해 토지와 함께 판매(자기 토지 위에 상가건축 판매 시는 부동산 매매업)한 경우
- 시공 중인 주택을 양도하는 경우에는 그 주택의 시공 정도가 건축법에 의한 건축물에 해당하는 경우
- 임대 주택을 건설해 분양하거나 또는 신축한 주택이 판매되지 않아서 판매될 때까지 일시적으로 일부 또는 전부를 임대한 후 판매하는 당해 주택의 경우

2 상가·오피스텔을 신축해 판매하는 경우

건물을 신축해 판매하는 업은 부동산 매매업 중 건물 신축판매업에 해당한다. 따라서 상가를 신축해 판매하는 경우에는 궁극적으로 부동산 매매업으로 취급되어 앞에서 본 주택 신축판매업과 다른 제도를 적용받는다. 그중 대표적인 것이 비교과세제도다. 이 제도는 부동산 매매사업자에게만 적용되는 것으로, 판매되는 부동산이 양도세 중과세 대상인 주택이나 비사업용 토지에 해당하면 다음 중 큰 세액으로 종합소득세를 내도록 하는 제도를 말한다('세액계산특례'라고도 부르기도 함).

① 종합소득 과세표준 × 종합소득세율(6~45%)
② 주택 또는 비사업용 토지 매매차익 × 양도세 세율 + (종합소득 과세표준 - 주택 등 매매차익) × 종합소득세율(6~45%)

사례 1

상가를 신축하기 위해 토지를 취득했다. 바로 착공에 들어가면 비교과세를 적용하는가?

그렇지 않다. 일반적으로 토지 취득 후 2년간은 비사업용 토지로 보지 않는다. 그리고 착공 이후 기간도 마찬가지로 비사업용 토지에 해당하지 않는다. 따라서 상가를 신축해 분양하는 경우에는 개인은 6~45%, 법인은 9~24%의 세금만 부담하면 된다.

사례 2

1990년에 취득해 보유 중인 나대지가 있다. 이에 상가를 신축해 바로 판매할 경우 비사업용 토지에서 제외되는지 궁금하다.

세법은 일단 상가를 신축해 분양 판매하는 경우 부동산 매매사업자에 해당한 것으로 본다(소득세법 시행령 제34조). 그리고 이렇게 부동산 매매업을 영위하면 종합소득산출세액은 소득세율(6~45%)로 계산한 세액과 양도세 세율로 과세한 세액 중 많은 것을 내도록 하고 있다(서면 5팀-1629, 2007. 5. 22). 따라서 오래 보유한 나대지에 상가를 지어서 파는 경우 토지가 비사업용 토지의 성격을 벗어나지 못하면 많은 세금이 나올 가능성이 있다.

③ 기존의 주택이나 상가 등을 구입해 판매하는 경우

토지·건물 등 부동산을 목적물로 해서 매매 또는 그 중개를 사업 목적으로 나타내어 부동산을 판매하는 경우 이는 전형적인 부동산 매매업에 해당한다. 그런데 개인이 사업자등록을 하지 않는 경우라도 사업상의 목적으로 계속·반복적으로 매매하면 매매업으로 볼 수 있다. 이러한 매매업에는 토지를 개발해 주택지, 공업단지, 상가, 묘지 등으로 분할 판매하는 것을 포함한다.

부동산 매매업에 해당하면 매매일이 속하는 달의 말일부터 2월 이내에 매매차익에 대한 예정신고·납부를 의무적으로 해야 한다. 만일 이를 위반하면 가산세 제재(20% 등)가 있다.

※ 부동산 매매업의 범위

앞의 내용을 종합해 주택, 토지, 상가 등 물건별로 부동산 매매업의 범위를 알아보면 다음과 같다.

주택	토지	상가
신축(자영)	-	신축(자영)
도급(100%)*	-	도급(100%)
재판매	재판매	재판매

* 100% 도급의 경우 조특법상 건설업에 해당하지 아니하므로 소득세 등의 감면혜택이 없다.

☞ 앞 표에서 색으로 칠해진 부분이 소득세법상 부동산 매매업에 해당한다.

심층분석 ▶ 주택 매매업 종합소득세 절세포인트

    주택 매매사업에 관한 관심이 고조되고 있는 이때, 주택 매매사업자들이 어떻게 하면 절세할 수 있는지 여기에서 한꺼번에 정리해보자.

• 주택 매매업이 유리한 경우

상황	솔루션(Solution)

• 주택 매매업을 영위하기 전에 장단점들을 알고 사업을 시작해야 한다.	• 주택 매매업이 좋은 경우는 다음과 같다.
	  – 단기매매로 인해 높은 양도세율이 적용되는 경우(단, 비교과세 미적용 시)
	  – 이자비용이나 인건비가 발생하는 경우
	  – 다른 사업에서 손실이 발생하는 경우 등

☞ 매매업을 영위하면 장부 등을 작성해야 하고, 사업에 대한 세무조사를 받을 수 있다는 점 등은 단점에 속한다.

• 주택 매매업에 대한 사업성을 인정받는 방법

상황	솔루션(Solution)
• 주택 매매업에 대한 사업성을 인정받지 못하면 매매업으로 판매한 주택에 대해서 양도세가 과세될 수 있다.	• 반드시 매매업에 관한 사업자등록을 하도록 한다. • 가급적 사업장소를 두는 것이 안전하다. • 장부를 작성해 판매용 부동산을 재고자산으로 등재해두도록 한다.

- 주택사업소득에 대한 신고 방법

상황		솔루션(Solution)
• 주택사업소득도 사업소득이므로 원칙적으로 장부를 통해 신고해야 한다. • 만일 장부를 작성하지 않으면 경비율제도를 통해 신고해야 한다.		• 주택 매매사업자는 단순경비율이나 기준경비율로 신고하면 세금을 많이 낼 수 있다. 따라서 반드시 장부를 통해 세금신고를 하도록 한다.

☞ 주택 매매차익에 대해서는 매매일이 속하는 달의 말일로부터 2개월 내에 예정신고를 해야 하고, 다음 해 5월(6월) 중에 확정신고를 해야 한다.

- 장부 작성법

상황		솔루션(Solution)
• 매매사업자도 사업자에 해당하므로 장부를 작성하는 것이 원칙이다.		• 사업 첫해부터 복식장부로 기장하는 것이 재고자산의 입증, 결손금통산 등의 측면에서 훨씬 유리하다.

- 재고자산 계상법

상황		솔루션(Solution)
• 판매 목적용 부동산은 유동자산 중 재고자산으로 등재한다.		• 이렇게 재고자산으로 올려두면 해당 부동산은 판매 목적용으로 취급받을 수 있다.

☞ 재고자산의 일시임대는 매매사업자의 영업외수익에 해당하나, 과세당국은 임대소득으로 보고 있다. 따라서 원칙적으로 사업소득과 구분해 경리해서 소득세를 신고해야 한다. 구분경리란 각각의

소득에 맞게 매출과 경비를 구분해 장부에 계상하는 것을 말한다.
공통비용은 매출 등으로 안분한다.

• 이자비용 인정 여부

상황		솔루션(Solution)
• 매매업을 영위하기 위해 차입한 비용은 원칙적으로 필요경비에 해당한다.		• 이자비용이 필요경비로 처리되므로 과세소득을 줄여주므로 일종의 절세효과가 발생한다. • 이러한 측면에서 업무와 관련 없는 이자비용과 초과인출금이자에 대해서는 필요경비로 인정하지 아니한다.

☞ 비교과세 적용 시에는 이자비용을 인정받을 수 없다.

• 기타 일반관리비 인정 여부

상황		솔루션(Solution)
• 주택 매매사업자가 일반관리비를 장부에 계상하면 세금을 줄일 수 있다.		• 필요경비로 인정되는 비용들에는 다음과 같은 것들이 있다. 　- 이자 　- 인건비 　- 복리후생비 　- 건강보험료 등

☞ 비교과세 적용 시에는 일반관리비를 인정받을 수 없다.

- 결손금통산법

상황	솔루션(Solution)
• 매매차손이 발생하거나 다른 사업에서 손실이 발생하는 경우에는 서로 통산할 수 있다.	• 매매차손이 발생한 경우에는 다른 사업소득(부동산 임대업은 제외)과 통산할 수 있다. • 다른 사업(부동산 임대업은 제외)에서 손실이 발생한 경우에는 매매차익과 통산할 수 있다.

☞ 매매업에서 발생하는 매매차손은 15년간 이월공제된다. 그리고 이 매매차손은 부동산 임대소득을 제외한 소득과 통산할 수 있다. 다만, 비교과세대상인 매매소득은 이월공제가 되지 않는 것으로 보인다(서면-2015-소득-2469 [소득세과-273], 2016. 2. 24).

※ 결손금과 이월결손금의 공제순서(소득세법 집행기준 45-0-1)

결손금은 당해 연도 사업에서 발생하는 손실금을, 이월결손금은 다음 연도 이후로 이월된 손실금을 말한다. 세법은 결손금과 이월결손금을 다른 소득에서 합산할 수 있도록 하고 있으나, 부동산 임대소득의 결손금 등은 다른 소득에서 통산을 할 수 없도록 하고 있다.

구분	결손금의 공제순서	이월결손금의 공제순서
부동산 임대업 외 사업소득	근로소득금액 → 연금소득금액 → 기타소득금액 → 이자소득금액 → 배당소득금액	사업소득금액 → 근로소득금액 → 연금소득금액 → 기타소득금액 → 이자소득금액 → 배당소득금액
부동산 임대소득*	다음 연도로 이월함	부동산 임대업의 소득금액에서만 공제

• 세금이 환급되는 경우

상황		솔루션(Solution)
• 매매차익 때 세금을 납부했으나 종합소득세 신고 때 결손이 발생하면 세금을 환급받을 수 있다.		• 환급을 받는 것이 능사는 아닐 수 있다. 환급 시 세무서의 간섭이 뒤따를 수 있기 때문이다. 세무 전문가의 확인이 필요하다.

제 7 장

사업자의 장부처리법
(장부 미작성에 따른
경비율 적용법 포함)

장부의 종류와 작성 의무

부동산 임대업이나 부동산 매매업을 영위하는 사업자들은 사업활동을 영위하고 있으므로 원칙적으로 장부 작성 의무가 있다. 하지만 장부를 작성하려면 기본적인 회계와 세무지식이 있어야 하는데, 이를 습득하는 게 쉽지 않다. 그래서 세법은 사업자의 형편에 맞게 이 제도를 운용하고 있다. 이하에서는 장부의 종류와 장부 작성 의무 등에 대해 알아보고자 한다.

1 기본 사례

K씨는 이번에 경매를 통해 부동산업을 시작하려고 한다. 사업자등록을 했다고 가정하고 물음에 답하면?

Q1 세법에서 정하고 있는 장부의 종류에는 어떤 것들이 있는가?

세법상 장부에는 간편장부와 복식장부가 있다. 전자는 날짜별로 입출금 거래 내역을 기록하는 장부형태를, 후자는 회계처리 방식에 의해 작성하는 장부를 말한다.

간편장부	복식장부
〈날짜별로 입출금 내역을 기록하는 방식〉 ○○월 ○○일 100만 원 입금(매출) ○○월 ○○일 50만 원 지출(수리비) ☞ 회계처리 없이 입출금 내역을 위주로 기록하는 것을 말함.	〈회계처리를 하는 방식〉 예) ○○월 ○○일 100만 원 입금 시 (차변) 현금 100만 원 (대변) 100만 원 ☞ 회계처리를 하면 자기검증력이 강화됨.

참고로 앞의 간편장부는 다음과 같은 형태로 정리하면 된다.

일자	거래내용	거래처	수입 (매출)		비용 (원가 관련 매입 포함)		고정자산 증감 (매매)		비고
			금액	부가가치세	금액	부가가치세	금액	부가가치세	

Q2 K씨가 작성해야 하는 장부의 종류는?

세법은 신규사업자와 계속사업자에 대해 다음과 같이 장부 작성 의무를 부여하고 있다.

구분	신규사업자	계속사업자
간편장부	원칙	직전 연도 수입금액이 일정금액*에 미달하는 경우에 적용 가능
복식장부	(선택 가능)	원칙

* 부동산 매매업 : 3억 원, 주택 신축판매업(건설업) : 1억 5,000만 원, 부동산 임대업 : 7,500만 원

K씨는 신규사업자에 해당하므로 간편장부대상자에 해당한다. 이는 사업 초기인 점을 감안해 장부 작성 부담을 줄여주려는 조치에 해당한다. 한편 K씨가 다음 해에도 사업을 하는 경우 계속사업자에 해당하므로 이때에는 원칙적으로 복식장부대상자가 된다. 하지만 직전 연도 수입금액이 업종별로 3억 원, 1억 5,000만 원, 7,500만 원에 미달하는 경우에는 여전히 간편장부대상자가 된다.

Q3 만일 K씨가 장부를 작성하면 어떤 혜택이 있고, 이를 작성하지 않으면 어떤 불이익이 있는가?

먼저 간편장부대상자가 간편장부를 작성하면 이에 대한 비과세혜택은 없다. 원래 주어진 의무에 해당하기 때문이다. 하지만 간편장부대상자가 복식장부를 작성하는 경우에는 100만 원 한도 내에서 세액공제를 해준다. 복식장부는 회계처리를 기반으로 하므로 투명성이 제고되는 제도에 해당하기 때문에 이러한 혜택을 준다.

다음으로 복식장부대상자가 복식장부를 작성하면 당연히 이행해야 되는 의무이므로 별다른 혜택이 없다. 물론 복식장부대상자는 간편장부를 작성할 수 없다.

그렇다면 이들이 장부를 작성하지 않으면 어떤 불이익이 있을까? 세법은 간편장부대상자나 복식장부대상자 모두 무기장가산세 20%를 부과한다.

다만, 연간 4,800만 원 미만의 수입이 있는 영세사업자에 대해서는 이 가산세를 특별히 면제하고 있다. 이를 요약해 정리하면 다음과 같다.

구분	혜택	불이익
간편장부 작성대상자	복식장부로 장부 작성 시 산출세액의 20% 기장세액공제 (단, 100만 원 한도) 적용	무기장 시 가산세*
복식장부 작성대상자	–	무기장 시 가산세*

* 20%의 무기장가산세 있음(단, 신규사업자와 연간 매출액이 4,800만 원에 미달하면 가산세 제외).

2 핵심 포인트

부동산업과 관련된 주요 장부 작성 의무를 살펴보면 다음과 같다.

부동산 매매업
- 신규사업자는 간편장부대상자가 된다. 다만, 신규사업자라고 하더라도 복식장부를 작성할 수 있다(세액공제 받을 수 있음).
- 계속사업자는 전년도의 수입금액이 3억 원 이상이면 의무적으로 복식장부를 작성해야 한다.

주택 신축판매업
- 신규사업자는 간편장부대상자가 된다. 다만, 신규사업자라고 하더라도 복식장부를 작성할 수 있다(세액공제 받을 수 있음).
- 계속사업자는 전년도의 수입금액이 1.5억 원 이상이면 의무적으로 복식장부를 작성해야 한다.

부동산 임대업
- 신규사업자는 간편장부대상자가 된다. 다만, 신규사업자라고 하더라도 복식장부를 작성할 수 있다(세액공제 받을 수 있음).
- 계속사업자는 전년도의 수입금액이 7,500만 원 이상이면 의무적으로 복식장부를 작성해야 한다.

ⓠ 임대업과 매매업 또는 다른 사업과 겸업을 하는 경우는 어떻게 장부를 작성해야 하는가?

사업자가 두 종류 이상의 사업을 하는 경우 원칙적으로 업종을 각각 구분해 경리해야 한다.

③ 실전 연습

K씨는 올해 신규사업자로서 매매업을 영위하고 있다. 이번 해의 총수입금액은 5억 원이고, 필요경비는 4억 5,000만 원(가사경비 1,000만 원이 포함됨), 종합소득공제액은 1,000만 원이었다. 한편 매매차익에 관한 예정신고를 했는데, 이때 1,000만 원 정도를 신고 및 납부했다. K씨가 이번에 납부할 최종 소득세는 얼마인가?

앞의 물음에 대한 답을 소득세 계산구조에서 찾아보자.

구분	금액	비고
수입금액	5억 원	
- 필요경비	4억 5,000만 원	
= 당기순이익	5,000만 원	
± 세무조정	1,000만 원	가사경비는 필요경비 불산입됨.
= 소득금액	6,000만 원	
- 종합소득공제	1,000만 원	
= 과세표준	5,000만 원	
× 세율	24%	
- 누진공제	576만 원	
= 산출세액	624만 원	

구분	금액	비고
- 기장세액공제	100만 원	Min[624만 원×20%, 100만 원]
- 기납부세액공제	1,000만 원	
= 결정세액	△476만 원	환급

☞ 기장세액공제는 간편장부대상자가 복식장부를 작성했을 때 적용된다.

(!)TIP 무기장 가산세

사업자(소규모사업자 제외)가 간편장부 또는 복식부기에 의한 장부를 갖추어두고 기록하지 아니했거나 장부에 기록해야 할 금액에 미달하게 기록한 경우에 부과한다.

- 무기장 가산세 = 산출세액 × (무기장 소득금액 / 종합소득금액) × 20%

앞에서 소규모사업자란 해당 과세기간에 신규로 사업을 개시한 자 및 직전연도 수입금액 합계액이 4,800만 원 미만인 사업자를 말한다.

참고로 무신고 가산세·과소신고 가산세와 무기장 가산세, 성실신고 확인서 미제출 가산세가 동시에 해당하는 경우에는 그중 큰 금액에 해당하는 가산세를 적용하고, 가산세액이 같은 경우에는 무신고 가산세·과소신고 가산세를 적용한다.

- 가산세 = 공급가액 × 20%

장부 작성 시
필요경비처리법

부동산업 등을 영위하는 사업자들은 기본적으로 장부에 의해 소득세를 신고해야 하므로 필요경비의 입증방법에 대해 도사가 되어야 한다. 수입금액은 100% 노출되는 경우가 많은데, 결국 불필요한 세금을 줄이기 위해서는 수입금액에서 차감되는 필요경비를 제대로 장부에 계상하는 것이 중요하기 때문이다. 이하에서 이에 대해 자세히 알아보자.

1 기본 사례

K씨는 임대사업자로 다음과 같은 비용을 지출했다. 세법상 비용 인정 여부를 검토하면?

① 소장 인건비
② 차량구입 및 운행비
③ K씨의 식대
④ K씨의 지역 건강보험료
⑤ 경조사비

위의 비용들에 대해 세법은 어떤 태도를 취하고 있는지 살펴보면 다음과 같다.

구분	세법상 비용 인정 여부	비고
① 소장 인건비	○	필요경비에 해당함.
② 차량구입 및 운행비	△	임대사업자의 차량비용은 업무무관비용에 해당할 가능성이 큼.
③ K씨의 식대	×	사업주의 식대는 인정하지 아니함.
④ K씨의 지역 건강보험료	○	필요경비에 해당함.
⑤ 경조사비	△	사업과 관련 없는 비용은 필요경비에 미해당함.

※ 사업자의 지역건강보험료 필요경비 인정 여부

국민건강보험은 국민건강보험법에 의한 것으로서 다음의 경우에는 필요경비에 산입할 수 있다.

• 사용자로서 부담하는 보험료

• 직장가입자로서 부담하는 사용자 본인 보험료

• 1인 사업주가 지역가입자로서 부담하는 건강보험료(세대주인 배우자 명의로 부과된 건강보험료를 포함)

2 핵심 포인트

사업소득금액을 계산할 때 필요경비로 인정을 받기 위해서는 우선적으로 지출한 비용이 사업과 관련된 비용이어야 한다. 따라서 업무와 관련이 없는 비용들은 필요경비로 처리했다고 하더라도 세법상 이를 인정하지 않는다(필요경비불산입). 한편 사업과 가사에 공통으로 사용하는 비용의 구분은 다음과 같이 한다.

※ 소득세법 집행기준 33-61-2[사업과 가사에 공통으로 관련되는 비용의 구분]

사업과 가사에 공통으로 관련되어 지급하는 금액에 대하여 사업과 관련된 필요경비의 계산은 다음과 같이 한다.

- 지급금액이 주로 업무수행상 통상 필요로 하는 것이고, 그 필요로 하는 부분이 명확히 구분될 때에는 그 구분되는 금액에 한하여 필요경비로 산입한다.
- 사업에 관련되는 것이 명백하지 아니하거나 주로 가사에 관련되는 것으로 인정되는 때에는 필요경비로 산입하지 않는다.

3 실전 연습

K씨는 유통업과 부동산 매매업을 동시에 영위하던 중 유통업에서 막대한 손실이 발생했는데 부동산 매매업에서는 많은 이익이 발생했다. 자료가 다음과 같을 때 물음에 답하면?

- 유통업 : △2억 원
- 부동산 매매업 : 2억 원

Q1 K씨는 유통업과 부동산 매매업의 소득을 합산해 세금을 낼 수 있는가?

유통업과 부동산 매매업은 모두 사업소득의 일종이다. 따라서 이 둘의 소득을 합해 세금을 계산하는 것이 원칙이다.

Q2 만일 유통업에 대한 결손금을 장부를 통해 입증하지 못하면 이를 사업소득에 통산할 수 있는가?

사업자의 결손금은 장부를 통해 입증되어야 한다. 따라서 장부에 의해 입증이 되지 않는다면 이를 다른 소득에 통산할 수 없다.

☞ 장부의 중요성을 말해주고 있다.

Q3 사업소득이 양도소득으로 바뀌면 유통업의 결손금을 통산할 수 있는가?

사업소득은 종합소득의 일종이고, 양도소득은 분류과세되는 소득의 일종에 해당한다. 따라서 두 소득 간의 과세방식이 다르므로 각자의 결손금은 과세방식이 다른 소득과 통산할 수 없다.

☞ 소득 구분의 중요성을 말해주고 있다.

※ 장부 작성을 하면 좋은 이유

- 실질에 맞는 세금을 낼 수 있다.

- 다른 소득의 결손금을 통산해 세금을 줄일 수 있다.

- 주택 신축판매업(건설업)의 경우 소득세 등의 5~30%까지 감면(중소기업특별세액감면)을 받을 수 있다.

💡 TIP **매매사업자의 소득세법상 필요경비의 범위와 증빙수취법**

부동산 매매사업자가 소득세 신고를 할 때 경비처리를 잘하면 이익을 줄일 수 있다. 이하에서는 소득세법상의 필요경비의 범위와 증빙처리법에 대해 알아보자.

1. 필요경비의 범위

① 인건비 : 임직원의 급여, 상여, 퇴직급여 등을 말한다. 이 중 급여나 상여를 지급하면 4대 보험료를 부담하게 된다.

② 복리후생비 : 임직원을 위해 사용된 복리후생비(직원 야근식대, 체육대회비, 건강보험료 등)는 비용으로 인정받을 수 있다. 단, 개인사업자를 위해 지출한 복리후생비는 세법상 비용에 해당하지 않는다(골프비용 등). 참고로 명절 등에 지급되는 상품권은 복리후생비(거래처에 지급 시는 접대비)로 처리 가능하다. 다만, 상품권을 지급한 경우 지급확인서를 보관해두는 것이 안전하다.

③ 접대비 : 부동산 매매업은 연간 3,600만 원(수입금액에 대한 한도는 별도로 사용 가능) 정도의 접대비를 사용할 수 있다. 다만, 접대비는 사업과 관련된 경비에 해당해야 문제가 없다.
참고로 지출한 경조사비는 세금계산서 등 적격영수증을 구비할 수 없으므로 지출금액이 20만 원 이하까지는 청첩장사본 등을 구비해두면 이를 지출증빙을 갖춘 것으로 본다(조의는 부고장).

④ 세금과공과금
- 재산세와 종합부동산세 : 사업경비로 인정받는다.

- 자동차세 : 업무와 관련된 경우에는 사업경비로 인정된다.
- 도로사용료 및 교통유발부담금 : 사업경비로 인정된다.
- 종합소득세(중간예납 포함) : 이는 사업경비에 해당하지 않는다.
- 부가가치세 : 환급받은 부가가치세는 사업경비에 해당하지 않으나 공제받지 못하는 부가가치세는 원가 또는 당기비용으로 인정을 받는다.

⑤ 보험료
- 4대보험료 : 사업자 본인 건강보험료, 국민연금, 산재보험료도 경비로 인정받는다.
- 화재보험료 : 건물 화재보험료도 사업과 관련된 비용에 해당한다.

⑥ 감가상각비 : 이는 건물(토지는 제외)취득가액을 30~50년 동안 정액법으로 상각한 금액을 말한다. 세법상 한도 내에서 자유스럽게 상각할 수 있다. 상각하지 않아도 세법상 문제가 없다(임의상각주의 채택).
참고로 차량에 대한 감가상각비는 연간 800만 원 한도 내에서 비용처리를 할 수 있다.

⑦ 차량유지비 : 매매업을 영위하면서 업무용으로 사용되고 있는 차량유지비는 한도[10] 내에서 비용으로 인정된다. 이에는 유류대, 보험료, 수리비, 주차요금, 톨게이트비 등이 해당한다.

Q 매매사업자도 차량비를 인정받을 수 있을까?

당연하다. 다만, 매매사업용으로 인정받기 위해서는 업무와의 관련성이 높아야 할 것이다. 따라서 주로 가사용으로 사용되는 경우에는 인정받기가 곤란할 수 있다. 참고로 차량비에 대한 규제제도가 들어온 만큼 모든 업종의 차량에 대해 이를 점검하는 차원에서 세무조사 등의 간섭이 심해질 것으로 전망된다. 따라서 업무일지 등을 마련해 미리 대비를 해두는 것이 좋을 것으로

---

10) 1천 CC 이하의 경차, 9인승 이상 승합차, 화물차, 개인으로부터 임차한 차량 등은 규제가 없으나, 이외 승용차는 한도 규제가 있다.
- 차량 운행일지를 작성한 경우 : 지출한 금액에 업무용 사용비율을 곱해 인정(단, 감가상각비는 800만 원 한도)
- 차량 운행일지를 작성하지 않는 경우 : 연간 1,500만 원 한도 적용

보인다.

⑧ 건물 수선비

- 경상수선비 : 엘리베이터나 건물 수선비 등은 전액 비용으로 인정받는
다(다만, 세금계산서를 구비해야 사후적으로 문제가 없다). 이러한 경상수선
비는 보통 수익적 지출에 해당한다.

- 대수선비 : 사업연도 중에 대규모 수선(리모델링)을 한 경우에는 기존
건물에 포함해 감가상각을 실시한다. 통상 자본적 지출액에 해당한다.

⑨ 이자비용

- 이자비용 : 보통 부동산 취득 때 대출받은 비용은 전액 비용으로 인정
받는다.

- 공동사업자의 이자비용 : 공동사업자가 부동산을 취득하기 위해 대출
을 받은 경우에 발생하는 이자비용은 필요경비에 해당한다(대법2011두
15466, 2011. 10. 13).

⑩ 기타 비용

- 전화요금 : 사업경비로 인정을 받는다. 참고로 임대사업자의 핸드폰요
금도 경비로 처리되고 있다.

- 도서인쇄비 : 업무와 관련 있는 경우에는 사업경비로 인정받는다.

- 기부금 : 업무와 무관하더라도 사업경비로 인정된다. 다만, 기부금
의 종류에 따라 한도가 있다. 종교 관련 기부금 한도는 사업소득금액의
10%다.

2. 매매사업자의 증빙수취법

개인사업자(사업소득이 있는 자)는 사업과 관련해 사업자로부터 재화나 용역
을 공급받고 그 대가를 지출한 경우에 그 거래금액이 3만 원을 초과하는 경
우에는 정규영수증을 수취해야 한다. 만약 사업자가 정규영수증을 수취하지
않은 경우에는 증빙불비가산세를 부과한다.

※ 장부 및 지출증명서류 보관기간

사업자들은 각 과세시간에 그 사업과 관련된 모든 거래에 관한 증명서류를
작성하거나 받아서 소득세 신고기한이 지난 날부터 5년간 보관해야 한다.

3

장부 미작성 시 소득금액 파악법
(단순경비율 대 기준경비율)

원래 사업자들은 장부를 작성해 이를 근거로 소득세를 신고하는 것이 옳다. 하지만 부득이하게 장부를 작성하지 않는 경우도 많다. 그렇다면 이러한 상황에서는 사업소득금액(=수입-필요경비)은 어떻게 파악할까? 이하에서는 사업자들이 장부를 작성하지 않을 때 적용되는 경비율 제도에 대해 알아보자.

1 기본 사례

K씨는 이번에 매매업을 시작했지만, 장부를 작성하지 못했다. 자료가 다음과 같을 때 물음에 답하면?

- 매출자료 : 3억 1,000만 원
- 매입비용 : 2억 5,000만 원
- 교통비 : 100만 원
- 수선비 : 500만 원
- 기타 : 400만 원

Q1 **K씨는 세법상 어떤 장부를 작성해야 하는가?**

K씨는 신규사업자에 해당하므로 일단 간편장부대상자가 된다.

Q2 **K씨가 장부를 작성하지 않으면 무기장 가산세를 내야 하는가?**

K씨는 신규사업자에 해당하므로 기장을 하지 않더라도 무기장 가산세 제제를 받지 아니한다.

Q3 **K씨는 장부를 작성하지 않고 경비율제도를 이용해 신고할 수 있는가?**

그렇다. 이때에는 정부에서 정한 경비율제도를 활용할 수 있다. 경비율 제도란 사업자가 장부를 작성하지 않는 경우 정부에서 정한 일정한 경비율에 따라 소득금액을 정하는 방법을 말한다. 따라서 경비율제도는 수입금액 중 일정률만큼 경비로 인정하겠다는 것을 말한다. 이러한 경비율제도는 단순경비율과 기준경비율 두 가지가 있다.

단순경비율에 의한 소득금액(①-②)	기준경비율에 의한 소득금액(①-②-③-④)

① 수입금액
② 수입금액 × 단순경비율(업종별로 규정됨)
	① 수입금액
	② 매입비용과 사업용 고정자산의 임차료
	③ 직원의 급여와 퇴직급여
	④ 수입금액 × 기준경비율(업종별로 규정됨) × 1/2*
	   * 복식장부대상자인 경우 1/2을 적용함.
	   ☞ 한도 : (수입금액 – 수입금액 × 단순경비율) × 배수*
	     * 간편장부대상자는 2.8배, 복식장부대상자는 3.4배,
	      이 배수는 수시로 변경될 수 있음.

☞ 구체적인 계산방법 등은 뒤에서 살펴보도록 하자.

2 핵심 포인트

부동산업을 영위하는 사업자들은 단순경비율과 기준경비율로 신고를 할 수 있다. 다만, 세법은 장부를 통해 신고하는 것을 원칙으로 하고 있어서 이런 경비율제도의 적용은 매우 제한적으로 가능하게 된다.

세법은 단순경비율과 기준경비율 적용대상자를 다음과 같이 구분하고 있다.

단순경비율 적용대상자	기준경비율 적용대상자
① 신규사업자 사업 첫해의 수입금액의 합계액이 다음*에 미달하는 사업자	① 신규사업자 사업 첫해의 수입금액의 합계액이 다음* 이상인 사업자

부동산 매매업	3억 원
건설업	1억 5,000만 원
부동산 임대업	7,500만 원

부동산 매매업	3억 원
건설업	1억 5,000만 원
부동산 임대업	7,500만 원

* 이 기준은 앞에서 본 장부 작성 의무기준과 같다.   * 이 기준은 앞에서 본 장부 작성 의무기준과 같다.

단순경비율 적용대상자	기준경비율 적용대상자
② 계속사업자 직전 과세기간의 수입금액의 합계액이 다음에 미달하는 사업자	② 계속사업자 직전 과세기간의 수입금액의 합계액이 다음 이상인 사업자

부동산 매매업	6,000만 원
건설업	3,600만 원
부동산 임대업	2,400만 원

부동산 매매업	6,000만 원
건설업	3,600만 원
부동산 임대업	2,400만 원

ⓠ 앞의 K씨는 어떤 경비율을 적용받는가?

K씨의 경우 부동산 매매업을 영위하는 신규사업자로서 사업 첫해의 수입금액이 3억 1,000만 원이므로 기준경비율대상자가 된다.

③ 실전 연습

앞의 K씨가 장부 작성을 통해 신고하는 경우와 기준경비율로 신고하는 경우의 세금 차이는 얼마나 될까?

앞의 물음에 대한 답을 찾아보자.

STEP 1 K씨의 장부 작성 의무와 적용되는 경비율제도 요약

• K씨는 올해 사업을 시작했으므로 간편장부대상자가 된다.
• K씨는 부동산 매매사업자로서 첫해의 수입금액이 3억 원이 넘기 때문에 단순경비율제도가 아닌 기준경비율제도를 적용받는다.

STEP 2 간편장부대상자의 기준경비율제도 적용 시의 세법 적용

• 간편장부대상자가 기준경비율을 적용받으면 소득금액 계산 시 기준경

비율 전체를 수입금액에 곱해 경비를 인정받을 수 있다(즉 기준경비율의 1/2을 적용하지 않는다).

- 간편장부대상자가 기준경비율을 적용받으면 소득금액 한도를 계산할 때 2.8배를 곱해 계산한다.
- 신규사업자는 무기장에 따른 가산세 20%는 부담하지 않는다.

STEP 3 소득세 계산

앞의 자료에 맞춰 소득세를 계산해보자. 단, 부동산 매매업의 단순경비율은 82.1%, 기준경비율은 9.3%라고 하자(업종코드 703011).

구분	장부	추계(기준경비율)
수입	3억 1,000만 원	3억 1,000만 원
− 필요경비 1(실제)	2억 6,000만 원	2억 5,000만 원
− 필요경비 2(경비율)	0원	2,883만 원
= 소득금액	5,000만 원	3,117만 원*1
− 종합소득공제	0원	0원
= 과세표준	5,000만 원	3,117만 원
× 세율	15%	15%
− 누진공제	126만 원	126만 원
= 산출세액	624만 원	3,415,500원
+ 무기장 가산세*2	0원	0원
= 결정세액	624만 원	3,415,500원

*1. 추계 소득금액 한도
　① 소득금액 = 매출액 − 주요 3대비용(인건비, 임차료, 매입비) − 매출액 × 기준경비율 = 3억 1,000
　　만 원 − 2억 5,000만 원 − (3억 1,000만 원 × 9.3%) = 3,117만 원
　② 한도 : (수입금액 − 수입금액 × 단순경비율) × 배수 = (3억 1,000만 원 − 3억 1,000만 원 ×
　　82.1%) × 2.8배 = 155,372,000원
*2. 신규사업자는 무기장을 하더라도 가산세(20%)가 없다.

앞의 K씨가 계속사업자로서 복식장부대상자라면 세금은 얼마나 될까?

복식장부대상자는 앞의 간편장부대상자보다 무기장 시 불이익이 크다. 앞과 차이가 난 부분을 정리하면 다음과 같다.

- 복식장부대상자가 기준경비율을 적용받으면 소득금액 계산 시 기준경비율의 1/2(단순경비율은 전체)을 수입금액에 곱해 경비를 인정받을 수 있다.
- 복식장부대상자가 기준경비율을 적용받으면 소득금액 한도를 계산할 때 3.4배(단순경비율은 2.8배)를 곱해 계산한다.
- 복식장부사업자는 무기장에 따른 가산세 20%를 부담해야 한다.

앞의 내용을 반영해 계산하면 다음과 같다.

구분	장부	추계(기준경비율)
수입	3억 1,000만 원	3억 1,000만 원
− 필요경비 1(실제)	2억 6,000만 원	2억 5,000만 원
− 필요경비 2(경비율)	0원	14,415,000원
= 소득금액	5,000만 원	45,585,000원*
− 종합소득공제	0원	0원
= 과세표준	5,000만 원	45,585,000원
× 세율	15%	15%
− 누진공제	126만 원	126만 원
= 산출세액	624만 원	5,577,250원
+ 무기장 가산세	0원	1,115,550원
= 결정세액	624만 원	6,693,300원

* 추계 소득금액 한도

① 소득금액 = 매출액 – 주요 3대비용(인건비, 임차료, 매입비) – 매출액 × 기준경비율 × 1/2

= 3억 1,000만 원–2억 5,000만 원 – (3억 1,000만 원 × 9.3% × 1/2) = 45,585,000원

② 한도 : (수입금액 – 수입금액 × 단순경비율) × 배수 = (3억 1,000만 원 – 3억 1,000만 원 × 82.1%) × 3.4배 = 188,666,000원

☞ 기준경비율제도는 사업규모가 있는 사업자가 차선책으로 선택할 수 있는 제도이나 기준경비율이 낮은 경우에는 장부에 비해 세금이 크게 증가하는 경우가 일반적이다. 따라서 규모가 있는 사업자들은 처음부터 장부를 작성한 후 기준경비율제도와 비교하는 식으로 소득세 신고전략을 수립하는 것이 좋을 것으로 보인다.

💡 TIP 기준경비율제도하의 주요 3대 주요비용

1. 매입비용 : 상품·제품·원료·소모품의 구입비와 가스·전기비, 외주가공비, 운송업의 운반비를 말한다. 세금계산서, 신용카드 전표 등 정규영수증 등에 의해 확인이 되어야 한다.

2. 사업용 고정자산에 대한 임차료 : 사업에 직접 사용하는 건축물 및 기계장치 등에 대한 임차료(월세 등을 말함)로서 정규증비서류 등에 의해 입증이 되어야 한다.

3. 종업원의 급여·임금·퇴직급여 : 세무서에 제출한 지급명세서에 의해 확인이 되어야 하나, 신고가 안 된 경우나 일용직의 소득은 소득자의 인적사항이 확인되고, 그 소득자가 서명 날인하면 입증된 것으로 본다.

실전 종합소득세 신고(종합)

매매사업자들이 소득세를 신고할 때 장부로 작성하는 경우와 이를 작성하지 않는 경우를 비교해 유리한 것으로 신고하는 것이 좋다. 이하에서 매매사업자에 대한 종합소득세 신고 방법을 알아보자.

1 기본 사례

K씨는 부동산 매매업을 시작해 사업 첫해에 다음과 같이 매출과 비용이 발생했다. 물음에 답하면?

자료

- 매출 : 5억 원
- 비용 : 4억 원(매입비용 3억 원, 인건비 5,000만 원)
- 단순경비율 82.1%, 기준경비율 9.3%

Q1 K씨는 단순경비율로 소득세 신고를 할 수 있는가?

사업 첫해의 매출액이 부동산 매매업에 적용되는 기준인 3억 원(복식장부 대상자)을 초과해 발생했으므로 단순경비율을 적용받지 못한다. 따라서 장부를 기준으로 소득세를 신고하거나 기준경비율제도를 활용해 신고하는 방법 중 하나를 선택해야 한다.

Q2 실제자료를 기준으로 할 때 소득세는 얼마가 예상되는가?

다른 사항들을 무시하고 소득세를 계산하면 대략 1,956만 원 정도가 나온다. 소득금액 1억 원에 35%를 적용하고 1,544만 원의 누진공제를 차감한 결과다.

Q3 만일 장부를 작성하지 않고 정부가 정한 기준경비율을 활용하면 세금은 축소가 될 것인가?

앞의 자료에 따라 기준경비율에 의해 소득세를 계산하면 다음과 같다.

구분	기준경비율	비고
수입금액	5억 원	
- 필요경비 1(실제 비용)	3억 5,000만 원	실제 경비
- 필요경비 2(경비율 사용)	4,650만 원	5억 원 × 9.3% = 4,650만 원
= 소득금액	1억 350만 원	한도 : (5억 원 - 5억 원 × 82.1%) × 2.8배 = 2억 5,060만 원
× 세율	35%	
- 누진공제	1,544만 원	
= 산출세액	20,785,000원	

실제 자료를 근거로 계산한 결과, 소득세는 약 2,000만 원이 나왔으나 기준경비율에 의한 경우에는 약 2,100만 원이 나왔다. 따라서 사례의 경우에는 실제 자료에 의한 세금이 더 작게 나왔다.

☞ 실무적으로는 기준경비율에 의한 경우에는 무기장가산세가 20% 나올 수 있기 이러한 부분을 감안해 신고 방법을 결정해야 한다.

2 핵심 포인트

사업자가 소득세를 신고하는 방법에 따른 실익을 알아보면 다음과 같다.

구분	기장의 경우	무기장의 경우	
		기준경비율	단순경비율
개념	장부를 근거로 신고 (원칙)	기준경비율대상자가 주요 3대비용과 기준경비율로 신고하는 방법	단순경비율적용대상자가 단순경비율로 신고하는 방법
적용 대상자	모든 사업자	단순경비율 적용 이외의 사업자가 무기장 시 적용 가능	신규사업자로서 수입금액이 일정금액에 미달하는 경우에 적용 가능(계속사업자의 경우에는 전년도 수입금액이 일정금액에 미달해야 함)
장점	• 실질에 맞게 세금을 납부할 수 있다. • 결손금을 인정받을 수 있다.	• 주요 3대비용이 큰 경우 간편하게 신고할 수 있다.	• 간편하다. • 일반적으로 세금이 낮게 나온다.
단점	• 장부를 작성해야 한다. • 관리비용이 든다.	• 세금이 많이 나오는 경우가 일반적이다. • 가산세가 부과된다.	• 이용할 수 있는 상황이 제한적이다.

☞ 사업규모가 작은 경우에는 단순경비율을 우선적으로 검토하면 된다. 하지만 사업규모가 큰 경우는 장부 작성을 우선적으로 검토해야 한다.

③ 실전 연습

K씨는 수년 전부터 부동산 매매업(기준경비율 9.3%, 단순경비율 82.1%)을 영위하고 있는 복식장부대상자다. 올해 매출 10억 원, 매입비 5억 원, 인건비 2억 원, 기타 잡비로 1억 원을 지출했다. 종합소득공제액이 1,000만 원이라고 할 때 장부를 작성한 경우와 기준경비율 및 단순경비율로 세금을 계산하면? 그리고 이에 대해 결과를 분석하면?

구분	장부	기준경비율	단순경비율
	원칙적인 신고 방법	예외적인 신고 방법	참고용
매출액	10억 원	10억 원	10억 원
-) 비용	8억 원	7억 4,650만 원	8억 2,100만 원
매입비	5억 원	5억 원	-
인건비	2억 원	2억 원	-
기타잡비	1억 원	-	-
기준경비율(9.3%×1/2)	-	4,650만 원	-
단순경비율(82.1%)	-	-	8억 2,100만 원
=) 회계상 이익	2억 원	2억 5,350만 원	1억 7,900만 원
±) 세무조정			
=) 소득금액	2억 원	2억 5,350만 원	1억 7,900만 원
-) 종합소득공제	1,000만 원	1,000만 원	1,000만 원
=) 과세표준	1억 9,000만 원	2억 4,350만 원	1억 6,900만 원

구분	장부	기준경비율	단순경비율
	원칙적인 신고 방법	예외적인 신고 방법	참고용
×) 세율	38%, 1,994만 원	38%, 1,994만 원	38%, 1,994만 원
=) 산출세액	5,226만 원	7,259만 원	4,428만 원
-) 세액공제, 감면			
=) 결정세액	5,226만 원	7,259만 원	4,428만 원
+) 가산세		1,452만 원	886만 원
-) 기납부세액			
=) 차가감납부세액	5,226만 원	8,711만 원	5,314만 원

* 한도 : (10억 원 - 10억 원 × 82.1%) × 3.4배 = 6억 860만 원

실제 장부를 기준으로 계산하면 대략 5,200만 원, 기준경비율로 계산하면 8,700만 원, 단순경비율로 계산하면 5,300만 원 정도가 나온다. 참고로 복식장부대상자는 '기준경비율 × 1/2'로 추가경비를 계상한다. 물론 간편장부대상자가 기준경비율을 적용할 때에는 1/2을 곱하지 않는다. 사례의 K씨는 복식장부대상자에 해당한다.

☞ 부동산업을 영위하는 사업자들은 장부와 기준경비율 중 유리한 것을 검토해 신고 방법을 결정할 필요가 있다.

부동산업 관련 단순경비율과 기준경비율 적용법

앞의 본문을 통해서 보면, 사업자들은 일단 본인에게 적용되는 장부 작성 의무를 먼저 파악할 필요가 있다. 그런 후 장부를 작성해 신고하는 경우와 그렇지 않은 경우를 비교해 유리한 방법을 찾는 것이 중요함을 알 수 있다. 이하에서는 부동산업에 대한 경비율제도를 좀 더 자세히 분석해보자.

1. 단순경비율제도와 기준경비율제도의 비교

세법에서는 사업자가 무기장 시 단순경비율제도와 기준경비율제도를 두어 소득금액을 신고할 수 있도록 하고 있다.

1) 단순경비율제도

단순경비율제도는 다음과 같이 소득금액을 파악하는 방법을 말한다.

- 소득금액 = 매출액 − 매출액 × 단순경비율(업종별로 고시됨)

즉 사업에 관한 경비가 장부에 의해 입증되지 않으므로 정부가 매년 고시한 단순경비율로 소득금액을 파악한다. 따라서 수입금액에 소득률(=1-단순경비율)을 곱하면, 바로 과세되는 소득금액을 확인할 수 있다.

적용례

예를 들어 매출액이 1억 원이고 단순경비율이 90%라면 소득금액은 1,000만 원에 불과하다. 매출액의 90%는 경비로 인정받을 수 있기 때문이다.

※ 단순경비율제도의 특징

- 단순경비율은 주로 영세한 사업자들한테 적용되는 제도다.
  - 신규사업자 : 업종별로 매출액이 일정금액(3억 원, 1억 5,000만 원, 7,500만 원)에 미달하는 경우
  - 계속사업자 : 전년도 매출액이 일정금액(6,000만 원, 3,600만 원, 2,400만 원)에 미달하는 경우
- 단순경비율이 높은 경우에는 과세되는 소득금액이 작게 나와 세금이 실질보다 줄어드는 경우가 일반적이다.
- 단순경비율은 사업자가 선택할 수 있는 제도가 아니다.

2) 기준경비율제도

기준경비율제도는 사업규모가 비교적 큰 사업자가 장부를 작성하지 않았을 때 다음 중 작은 금액을 소득금액을 파악하는 방법을 말한다.

① 소득금액 = 매출액 − 주요 3대비용(인건비, 임차료, 매입비) − 매출액 × 기준경비율*(업종별로 고시됨)

  * 2011년 이후부터 복식장부의무자가 기준경비율로 신고 시 기준경비율의 1/2을 적용함(주의!)

② 한도 : (수입금액 − 수입금액 × 단순경비율)×배수*

  * 간편장부대상자가 기준경비율을 적용하는 경우 2.8배를 곱하며, 복식장부대상자가 기준경비율을 적용하면 3.4배를 곱한다. 이는 일종의 무기장에 따른 불이익을 주는 제도에 해당한다.

이 제도는 앞의 단순경비율제도와 유사해 보이지만 차이점이 있다. 즉 인건비나 임차료 그리고 매입비 등 3대 주요경비는 지출사실 및 증빙에 의해 입증된 것만 인정되고, 기타 소소한 비용은 '수입금액×기준경비율'로 파악하는 점에서 차이가 나고 있다.

매출액이 1억 원이고 3대 주요비용이 5,000만 원으로 확인되었다. 그리고 이 업종의 단순경비율은 90%이고, 기준경비율이 20%라면 소득금액은 얼마인가? 단, 이 사업자는 간편장부대상자에 해당한다.

일단 앞에서 본 식에다 앞의 숫자를 대입해보자.

① 소득금액 = 매출액 − 주요 3대비용(인건비, 임차료, 매입비) − 매출액×기준경비율 = 1억 원 − 5,000만 원 − (1억 원 × 20%) = 3,000만 원
② 한도 : (수입금액 − 수입금액 × 단순경비율) × 배수 = (1억 원 − 1억 원 × 90%) × 2.8배 = 2,800만 원

따라서 이 경우에는 소득금액이 2,800만 원이 된다.

❓ 만일 앞의 사업자가 복식장부대상자라면 소득금액은 얼마인가?

복식장부대상자가 기장을 하지 않고 기준경비율로 신고하면 기준경비율의 1/2만 인정하고, 한도계산 시 곱하는 배수는 3.4배를 적용한다. 이는 복식장부대상자가 장부를 작성하지 않는 것에 대한 불이익이 된다.

① 소득금액 = 매출액 − 주요 3대비용(인건비, 임차료, 매입비) − 매출액 × 기준경비율 × 1/2 = 1억 원 − 5,000만 원 − (1억 원 × 20% × 1/2) = 4,000만 원
② 한도 : (수입금액 − 수입금액 × 단순경비율) × 배수 = (1억 원 − 1억 원 × 90%) × 3.4배 = 3,400만 원

따라서 이 경우에는 소득금액이 3,400만 원이 된다.

2. 부동산업의 경비율제도 실익분석

부동산업의 단순경비율과 기준경비율제도에 대한 실익분석을 해 보자.

1) 단순경비율이 좋은 경우

일반적으로 단순경비율을 사용하면 좋은 경우는 주로 단순경비율이 높은 경우다. 예를 들어 주택 매매업의 경우에는 수입의 82.1%까지 비용으로 인정해주기 때문에 실제 이익률이 이를 벗어나면 단순경비율로 신고하는 것이 유리할 수 있다. 하지만 현행 세법은 이러한 단순경비율 제도에 대해서는 아주 예외적인 경우에만 인정해준다. 다음을 참고하기 바란다.

- 신규사업자의 경우 : 당해 연도의 수입금액이 다음 금액을 넘지 않으면 단순경비율을 사용할 수 있다.
  - 부동산 매매업 : 3억 원
  - 주택 신축판매업(건설업) : 1억 5,000만 원
  - 부동산 임대업 : 7,500만 원

- 계속사업자 : 전년도의 수입금액이 다음 금액을 넘지 않으면 단순 경비율을 사용할 수 있다.
  - 부동산 매매업 : 6,000만 원
  - 주택 신축판매업(건설업) : 3,600만 원
  - 부동산 임대업 : 2,400만 원

2) 기준경비율이 좋은 경우

기준경비율로 신고하는 것이 좋은 경우는 장부를 작성할 수 없는 부득이한 상황에서 주요 3대비용이 높으면서 단순경비율이 높을 때다. 주요 3대비용, 즉 매입비용이나 인건비 등이 높으면 이를 먼저 비용으로 인정받을 수 있고, 또한 단순경비율이 높으면 소득금액 한도액을 계산할 때 한도액이 낮게 나오기 때문이다.

예를 들어 주택 매매업(신규사업자)의 경우 매매가액이 2억 원이고, 매입비용이 1억 5,000만 원인 경우 1억 5,000만 원은 주요 3대비용에 포함되므로 일단 필요경비로 인정받는다. 그리고 수입금액의 9.3%만큼 기준경비율에 의한 비용이 추가되므로 소득금액은 3,140만 원이 된다. 그런데 기준경비율제도의 경우 소득금액 한도가 있는데, 이 경우 단순경비율이 높으면 한도가 낮게 나오게 된다. 이러한 내용을 반영해 계산하면 다음과 같다.

구분	금액	비고
수입금액	2억 원	
- 주요 3대비용	1억 5,000만 원	
- 기준경비율에 의한 비용	1,860만 원	2억 원×9.3%
= 소득금액	3,140만 원	
(소득금액 한도)	(1억 24만 원)	(2억 원 - 2억 원 × 82.1%) × 2.8배

기준경비율 적용대상자를 신규사업자와 계속사업자로 나누어 살펴보면 다음과 같다.

• 신규사업자의 경우 : 당해 연도의 수입금액이 다음 금액을 넘으면

기준경비율을 적용해야 한다.

  - 부동산 매매업 : 3억 원

  - 주택 신축판매업(건설업) : 1억 5,000만 원

  - 부동산 임대업 : 7,500만 원

• 계속사업자 : 전년도의 수입금액이 다음 금액을 넘으면 기준경비
  율을 적용해야 한다.

  - 부동산 매매업 : 6,000만 원

  - 주택 신축판매업(건설업) : 3,600만 원

  - 부동산 임대업 : 2,400만 원

※ 부동산 업종의 단순경비율과 기준경비율

부동산 매매업, 주택 신축판매업, 부동산 임대업의 주요 종목에 대한
단순경비율과 기준경비율을 나열하면 다음과 같다. 여기에 없는 종목
은 국세청 홈택스 홈페이지에서 검색할 수 있다. 참고로 이러한 율은
매년 변동할 수 있다.

종목	코드번호	적용범위	단순경비율	기준경비율
부동산 매매업	703011 (토지 보유 5년 미만)	주거용 및 비거주용 건물매매업, 토지 매매업	82.1%	9.3%
주택 신축판매업	451102 (토지 보유 5년 미만)	주택 신축판매업 (건설업)	91.0%	16.0%
부동산 임대업	701102	주거용건물임대업	42.6%	13.1%
	701201	비주거용건물임대업	41.5%	17.6%

제 8 장

부동산 매매업과
재무제표의 중요성

부동산과 재무상태표

사업용 부동산을 재무제표에 표시하는 방법을 이해하는 것은 부동산 임대업과 부동산 매매업 등을 이해하는 데 매우 중요한 요소가 된다. 일반적으로 재무제표에 부동산이 표시되면 이를 사업성이 있는 것으로 볼 수 있기 때문이다. 특히 부동산 매매업의 경우가 그렇다. 이하에서 이러한 내용들에 대해 살펴보자.

1 기본 사례

K씨는 다음과 같이 사업계획을 세웠다. 물음에 답하면?

> **자료**
>
> • 주택경매를 통해 3채 이상 취득
> • 동일한 연도에 2채 이상 매매

Q1 이 주택을 취득해 단기에 매매하는 경우 재무상태표*상 어떤 자산으로 기록되어야 하는가?

> * 재무상태표는 일정 시점의 기업의 재무상태를 보여주는 재무제표의 한 일종에 해당한다. 대차대조표로 불리기도 한다.

주택을 단기에 매매하는 것은 일반사업자가 상품을 판매하는 것과 같다. 따라서 해당 부동산도 상품에 해당하므로 재무상태표상의 유동자산*인 재고자산으로 계상한다.

> * 보통 결산일(12월 31일)로부터 1년 내에 현금화가 되는 자산을 유동자산이라고 한다.

☞ 재고자산은 1년 이내 매매를 위해 보유하는 판매용 상품(부동산)을 말한다.

Q2 이 주택을 취득해 장기간 임대하는 경우 재무상태표*상 어떤 자산으로 기록되어야 하는가?

부동산을 장기간 임대하는 경우에는 판매 목적이 아니므로 비유동자산*인 유형자산으로 분류한다.

> * 보통 결산일(12월 31일)로부터 1년 후에 현금화가 되는 자산을 비유동자산이라고 한다.

☞ 유형자산은 1년 이상 임대나 경영 목적으로 보유하는 형체가 있는 자산을 말한다.

Q3 앞의 주택을 처분하는 경우에 발생하는 소득은 양도소득인가, 사업소득인가?

앞의 주택을 양도하면 재무상태표상에서 제거되며, 이때 발생한 소득은 자산의 성격에 따라 과세소득의 종류가 달라진다.

- 재고자산 → 재고자산에 해당하는 경우에 그 처분가액은 그 사업자의 매출이 되며 당해소득은 사업소득에 해당한다.
- 유형자산 → 유형자산에 해당하는 경우에 그 처분가액은 그 사업자의 매출이 되지 않으며 당해 소득은 양도소득에 해당한다.

Q4 **사업소득과 양도소득의 과세체계는 어떻게 다른가?**

사업소득은 종합과세되는 항목이고, 양도소득은 분류과세되는 항목에 해당한다. 따라서 둘은 과세방식에서 차이가 있다.

2 핵심 포인트

개인 또는 법인이 보유하는 부동산은 재무상태표상에 다음과 같이 표시된다. 즉 판매 목적으로 보유하면 재고자산, 임대나 경영 목적으로 보유하면 유형자산에 해당한다.

자산
I. 유동자산
 1. 당좌자산
 2. 재고자산~~~판매 목적 : 주택/상가/토지
  건물
  토지
II. 비유동자산
 1. 투자자산
 2. 유형자산~~~임대 목적 : 주택/상가/오피스텔
  건물
  (감가상각누계액)
  토지
	부채

	자본
자산 계	부채와 자본 계

이러한 자산의 구분에 따라 회계처리의 내용이 달라진다.

① 재고자산

- 재고자산은 판매를 목적으로 보유하고 있는 자산으로서 유동자산에 속한다.
- 재고자산을 판매하면 손익계산서상의 매출원가로 변하게 된다.
- 재고자산을 임대나 경영 목적으로 사용하는 것이 아니므로 감가상각을 할 수 없다.
- 재고자산을 일시적으로 임대해 나온 수익은 영업외수익으로 처리하는 것이 원칙이다.[11]

② 유형자산

- 유형자산은 임대나 사용 목적으로 보유하고 있는 자산으로서 비유동자산에 속한다.
- 유형자산을 처분하면 처분이익은 손익계산서상의 영업외수익으로 처리되며 처분손실은 영업외비용으로 처리된다. 다만, 이러한 처분손익은 세법상 인정되지 않는다(수입금액불산입, 필요경비 불산입). 양도소득으로 과세하기 위해서다.
- 유형자산은 임대나 경영 목적으로 사용하는 것에 해당하므로 감가상각을 할 수 있다.
- 유형자산을 임대해 나온 수익은 매출로 처리하는 것이 원칙이다.

---

11) 계정과목 분류는 기업회계기준에 따른다.

3 실전 연습

K씨의 재무상태표가 다음과 같이 작성되어 있다. 물음에 답하면?

자산 재고자산 5억 원 유형자산 5억 원	부채 부채 3억 원
	자본 자본금 7억 원
자산 계 10억 원	부채와 자본 계 10억 원

Q1 위의 자산 중 판매 목적용 자산을 7억 원에 양도하면 매매차익은 얼마가 나오는가?

판매 목적용 자산은 재고자산으로 분류되므로 매매차익은 7억 원에서 5억 원을 차감한 2억 원이 된다. 이 매매차익에 대해서는 사업소득세로 과세된다.

Q2 위의 자산 중 임대용 자산을 6억 원에 양도하면 양도차익은 얼마가 나오는가?

임대용 자산은 유형자산으로 분류되므로 양도차익은 6억 원에서 5억 원을 차감한 1억 원이 된다. 이 양도소득에 대해서는 양도세로 과세된다.

Q3 위의 자산을 모두 처분한 경우 세금은 각각 얼마가 나오는가? 단, 세율은 6~45%를 적용한다.

부동산 처분 시 재고자산은 사업소득세로, 유형자산은 양도세로 과세되므로 이를 구분해 살펴보면 다음과 같다. 단, 앞에서 계산된 소득을 과세표준으로 보고 산출세액을 계산하기로 한다.

구분	사업소득세	양도세
소득(=과세표준)	2억 원	1억 원
× 세율	38%	35%
− 누진공제	1,994만 원	1,544만 원
= 산출세액	5,606만 원	1,956만 원

> **TIP 부동산업에서 재무상태표가 중요한 이유**
>
> • 재고자산인지, 유형자산인지 해당 자산의 성격을 알 수 있다.
> • 매매업에 대한 사업성을 인정받을 수 있는 역할을 수행한다.
> • 사업용 주택과 거주 주택의 구별을 해준다.

부동산과 손익계산서

부동산을 사업적으로 처분하면 처분손익 등이 손익계산서에 반영된다. 그리고 이를 바탕으로 세금신고를 하게 되는데 이하에서 이에 대해 살펴보자.

1 기본 사례

K씨의 재무상태표가 다음과 같다. 물음에 답하면?

자산 재고자산 5억 원 유형자산 5억 원	부채 부채 3억 원
	자본 자본금 7억 원
자산 계 10억 원	부채와 자본 계 10억 원

Q1 재고자산을 7억 원에 판매해 전액 현금으로 받은 경우 손익계산서*에 어떤 식으로 반영되는가?

* 손익계산서는 일정 기간의 당기손익을 나타내는 재무제표의 하나에 해당한다.

판매된 재고자산은 재무상태표에서 제거되는 한편 손익계산서상의 매출원가로 표시된다.

보유 시		판매 시	
재무상태표	손익계산서	재무상태표	손익계산서
• 재고자산 5억 원 • 유형자산 5억 원	–	• 현금자산 7억 원 • ~~재고자산 5억 원~~ • 유형자산 5억 원	• 매출 7억 원 • 매출원가 5억 원 • 이익 2억 원

사례의 경우 5억 원 상당의 재고자산을 7억 원에 판매했으므로 손익계산서상에는 매출이 7억 원, 그리고 매출원가가 5억 원으로 표시된다. 한편 재무상태표상에서는 재고자산이 없어진 대신에 현금자산이 7억 원이 생겨났다는 것을 알 수 있다.

Q2 유형자산을 6억 원에 양도한 경우 손익계산서에 어떤 식으로 반영되는가?

처분된 유형자산은 재무상태표에서 제거되는 한편, 처분이익 1억 원은 손익계산서상의 영업외수익의 한 항목인 유형자산처분이익으로 표시된다.

보유 시		처분 시	
재무상태표	손익계산서	재무상태표	손익계산서
• 재고자산 5억 원 • 유형자산 5억 원	–	• 현금자산 6억 원 • 재고자산 5억 원 • ~~유형자산 5억 원~~	• 유형자산처분이익 1억 원

앞에서 유형자산처분이익 1억 원은 회계원리상 손익계산서에 반영되는 것이 원칙이다. 그렇다면 이 처분이익에 대해서는 사업소득세를 내야 할까?

원래 사업용 자산을 처분해 발생하는 이익에 대해서는 소득세를 부과하는 것이 원칙이다. 하지만 세법은 양도세로 과세하기 위해 이를 사업소득세 부과 대상에서 제외하고 있다.

Q3 앞의 물음 1과 물음 2에 대한 소득세는 각각 얼마인가?

재고자산과 유형자산을 처분한 경우 사업소득세와 양도세가 따로따로 부과된다.

구분	물음 1의 경우	물음 2의 경우
	사업소득세	양도세
양도가액	7억 원	6억 원
− 취득가액	5억 원	5억 원
= 매매차익(양도차익)	2억 원	1억 원
× 세율	38%	35%
− 누진공제	1,994만 원	1,544만 원
= 산출세액	5,606만 원	1,956만 원

2 핵심 포인트

사업자들의 손익계산서는 다음과 같은 형태로 되어 있다.

구분	금액	비고
매출액		양도가액
– 매출원가		취득가액과 부대비용
= 매출총이익		
– 판매관리비 　직원 급여 　임차료 　기타비용		
= 영업이익		
+ 영업외수익 　유형자산처분이익		
– 영업외비용 　유형자산처분손실 　이자비용		
= 소득세차감전순이익		
– 소득세 등		
= 당기순이익		

한편 앞과 같은 손익계산서상의 당기순이익을 기준으로 다음과 같이 사업소득금액이 결정된다.

　당기순이익 : 손익계산서상의 당기순이익

± 세무조정

= 사업소득금액

앞에서 세무조정이란 당기순이익을 구성하고 있는 매출이나 비용이 세법을 위배한 경우 이를 세법에 맞게 고치는 제도를 말한다. 예를 들어 앞의 당기순이익에 업무와 무관한 비용이 1억 원이 포함되어 당기순이익을 축소시켰다면, 다음과 같이 세무조정을 해서 사업소득금액을 계산하게 된다.

구분	비고
당기순이익 : 0원 + 필요경비불산입 : 1억 원 = 사업소득금액 : 1억 원	회계상 당기순이익은 0원이지만 1억 원이 세법상 비용으로 인정되지 않으므로 이를 부인하는 세무조정(필요경비불산입)하게 된다. 따라서 세법상의 사업소득금액은 1억 원이 된다.

③ 실전 연습

K씨는 매매사업자에 해당한다. 자료가 다음과 같을 때 세금은 얼마인가? 단, K씨는 비교과세제도를 적용받지 아니한다.

자료

- 양도가액 : 5억 원
- 취득가액 : 4억 원
- 일반관리비 : 3,000만 원(이 중 1,000만 원은 가사비용임)
- 종합소득공제액 : 1,000만 원

앞의 물음에 대한 답을 순차적으로 찾아보자.

STEP 1 당기순이익의 계산

앞에서 본 손익계산서를 이용해 세법상의 과세소득을 계산해보자.

구분	금액	비고
매출액	5억 원	
− 매출원가	4억 원	
= 매출총이익	1억 원	

구분	금액	비고
– 판매일반관리비 인건비 등	3,000만 원	
= 영업이익	7,000만 원	
+ 영업외수익	–	
– 영업외비용 이자비용	–	
= 소득세차감전순이익	7,000만 원	
– 소득세 등	–	
= 당기순이익	7,000만 원	

STEP 2 세법상 과세소득의 계산

회계상 당기순이익은 7,000만 원이나 이 중 세법상 인정받지 못하는 가사비용이 1,000만 원 들어가 있어 당기순이익이 축소가 되었다. 따라서 이를 필요경비에서 제외해 다시 이익을 계산해야 된다. 즉 경비를 2,000만 원으로 보고 이익을 계산한다는 것이다. 이렇게 되면 세법상의 소득이 8,000만 원이 된다.

구분	금액	비고
당기순이익	7,000만 원	
+ 세무조정	1,000만 원	필요경비불산입
= 사업소득금액	8,000만 원	

STEP 3 산출세액계산

세법상의 소득이 8,000만 원으로 계산되었고, 종합소득공제액이 1,000만 원이므로 과세표준 7,000만 원에 24%를 곱한 후 576만 원의 누진공제액을 차감하면 정확한 세금을 계산할 수 있다.

구분	금액	비고
사업소득금액	8,000만 원	
− 종합소득공제	1,000만 원	자료 가정
= 과세표준	7,000만 원	
× 세율	24%	
− 누진공제	576만 원	
= 산출세액	1,104만 원	

재고자산(부동산 매매업, 주택 신축판매업)과 재무제표

재고자산은 기업이 영업활동을 통해 판매하거나 생산을 목적으로 보유하고 있는 원료, 재료, 반제품, 재공품, 제품(상품) 같은 자산을 말한다. 부동산 매매업이나 주택 신축판매업을 영위하는 경우 보유한 부동산이 바로 이러한 재고자산에 해당한다. 이하에서는 재고자산에 대한 세무회계 문제를 논리적으로 알아보고자 한다.

1 기본 사례

K씨는 부동산 매매사업자로서 이번에 다음과 같이 주택을 취득했다. 물음에 답하면?

- 취득가액 : 3억 원
- 취득세 등 : 330만 원
- 채권 할인비용 등 : 70만 원
- 판매관리비(인건비 등) : 500만 원

Q1 재고자산의 취득원가는 얼마인가?

재고자산의 취득원가는 재고자산을 판매 가능한 상태로 판매 가능한 장소에 옮기는 데까지 소요된 모든 지출액을 의미한다. 따라서 앞의 '주택취득가액+취득세 등+채권 할인비용 등'이 이에 해당된다. 금액으로 따져보면 3억 400만 원이 된다.

자산	부채
재고자산 3억 400만 원	자본 자본금 3억 400만 원
자산 계 3억 400만 원	부채와 자본 계 3억 400만 원

Q2 재고자산가액에 포함되지 않는 지출액은 어떻게 정리되는가?

K씨가 지출한 금액 중 판매관리비는 재고자산의 취득원가와 무관하다. 따라서 이 금액은 재무상태표에 반영되지 않고 손익계산서상의 판매관리비에 반영된다.

구분	금액	비고
매출액		
– 매출원가		
= 매출총이익		
– 판매일반관리비 　인건비 등	500만 원	
= 영업이익		

Q3 앞의 재고자산을 3억 2,400만 원에 판매한 경우 당기순이익은 얼마인가?

앞의 자료를 토대로 손익을 계산하면 다음과 같다.

구분	금액	비고
매출액	3억 2,400만 원	
– 매출원가	3억 400만 원	판매된 재고자산의 원가
= 매출총이익	2,000만 원	
– 판매일반관리비 　인건비 등	500만 원	
= 영업이익	1,500만 원	
+ 영업외수익	–	
– 영업외비용 　이자비용	–	
= 소득세차감전순이익	1,500만 원	
– 소득세 등	–	
= 당기순이익	1,500만 원	

☞ 소득세는 당기순이익을 기준으로 과세된다. 종합소득공제금액이 500만 원이라면 과세표준이 1,000만 원이고, 세율은 6%이므로

60만 원 정도의 소득세가 산출된다.

2 핵심 포인트

재고자산과 관련된 세무회계상 쟁점들을 정리해보자.

첫째, 부동산업 중 재고자산을 보유하는 업종은 다음과 같이 정리된다.

구분	판매 목적	비고
주택	주택 신축판매업, 주택 매매업	
상가	상가 신축판매업	
토지	토지 매매업	

둘째, 재고자산에 대한 세무회계 특징을 정리하면 다음과 같다.

- 재고자산은 판매 시 매출원가로 대체된다.
- 재고자산은 임대나 사용 목적이 아니므로 감가상각을 할 수 없다.
- 재고자산을 일시임대해 발생한 임대료는 원칙적으로 영업외수익에 해당한다. 그런데 세법은 이를 임대소득으로 구분하도록 하고 있다. 따라서 사업소득과 임대소득을 별도로 구분해 경리하는 것이 원칙이다(이 경우 두 개의 업종을 영위하는 것으로 볼 수 있다).
- 재고자산은 사업자가 공급하므로 부가가치세가 부과될 수 있다.

셋째, 판매용 재고자산을 본인이 사용한 경우에는 두 가지 세금 문제에 주의해야 한다.

- 만일 보유한 주택이 부가가치세 과세대상이라면 10%의 부가가치세를 내야 한다. 세법은 재고자산을 자신에게 공급한 것으로 보아 부가가치세를 내도록 하는 규정을 두고 있기 때문이다.
- 자가사용한 재고자산(주택)은 사업자의 총수입금액에 포함하지 아니하고, 이를 처분하는 연도의 총수입금액에 산입해 사업소득으로 과세한다. 한편 사업자가 폐업 시 보유한 주택을 가사용으로 소비하거나 임대 목적(판매되지 아니해 일시임대하는 경우 제외)으로 사용한 후 당해 주택을 양도하는 경우에는 양도세가 과세된다.

3 실전 연습

K씨는 현재 다음과 같이 재고자산을 보유하고 있다. 물음에 답하면?

자산	부채
재고자산(주택 1) 3억 원 재고자산(주택 2) 3억 원 재고자산(주택 3) 4억 원	부채 3억 원
	자본 자본금 7억 원
자산 계 10억 원	부채와 자본 계 10억 원

Q1 K씨가 재고자산(주택 1)을 임대기간 2년으로 하는 전세계약을 체결하면 이 자산은 재고자산인가, 유형자산인가?

논란이 있는 대목이다. 판매 목적용 재고자산을 장기간의 임대로 돌리는 것에 해당하기 때문이다. 이렇게 장기간 임대를 하는 경우 해당 자산은 유형자산에 가깝다. 하지만 계정과목 분류는 사업자의 의도에 따라 분류할 수 있으므로 재고자산으로 계상을 해두어도 문제는 없다. 약정된 전세기간 중에도 매매계약을 체결할 수 있기 때문이다.

Q2 K씨가 본인이 거주하고 있는 주택을 양도했다. 비과세를 받을 수 있는가?

K씨가 재고자산 3주택과 1거주 주택을 가지고 있는 상황에서 거주 주택을 양도하는 것이라면 비과세를 받을 수 있다. 하지만 재고자산과 거주 주택이 구분되지 않는 상황에서는 비과세에 대한 논란이 있을 것으로 보인다.

☞ 이런 점 때문에 주택 매매업에 대한 사업성 인정 여부가 중요하며, 이를 해결하기 위해 사업자등록, 장부관리와 재무제표작성이 필요하다.[12]

Q3 K씨는 재고자산(주택 3)을 본인이 직접 사용하려고 한다. 어떤 문제가 있는가?

장부에 계상된 재고자산(주택)을 사업자가 개인적으로 사용한 경우에는 외부에 판매하는 것이 아니므로 총수입금액에 포함하지 아니한다. 다만, 이를 처분하는 연도의 총수입금액에 산입해 사업소득으로 과세한다.

☞ 만일 사업자등록을 폐지한 후에 이를 판매하면 양도소득으로 부과되는 것이 원칙이다.

※ 부동산 매매업 또는 건설업자의 일시임대한 부동산의 처분과 소득 구분

판매를 목적으로 취득한 부동산을 일시적으로 임대하는 후 해당 부동산을 판매하는 경우에 다음과 같이 소득 구분을 한다.

---

12) 물론 이렇게 해두었다고 해서 리스크가 100% 없어졌다고 단정할 수 없다.

- 매매를 목적으로 취득(신축 포함)한 부동산을 일시적으로 임대하다가 판매하는 경우에는 부동산 매매업에 해당하므로 이는 사업소득에 해당함.
- 임대를 목적으로 취득(신축 포함)한 부동산을 임대하다가 양도하는 경우에는 양도소득에 해당함.

단, 이때 부동산의 양도로 인해 발생하는 소득이 양도소득에 해당하는지, 사업(부동산 매매업)소득에 해당하는지 여부는 부동산의 취득 및 양도의 목적과 경위, 이용실태, 거래의 규모 · 빈도 · 계속성 · 반복성 등을 종합해 사회통념에 비추어 사실 판단한다(서면 1팀-472, 2007. 04. 11).

※ 미분양주택을 가사용으로 소비하는 경우의 수입시기(소득세법 집행기준 25-0-1)

① 주택 신축판매업자가 폐업시점에 판매하지 아니한 주택을 가사용으로 소비하거나 종업원 또는 타인에게 지급한 경우에는 이를 소비 또는 지급한 때의 가액을 그 소비일 또는 지급일이 속하는 연도의 사업소득 총수입금액에 산입하며, 그 이후에 해당 주택을 양도하고 받는 대가는 양도소득에 해당한다.

② 주택 신축판매업자가 폐업시점에 그 주택을 가사용으로 소비하거나 종업원 또는 타인에게 지급한 경우 외의 경우에는 이를 처분한 때의 가액을 그 처분일이 속하는 연도의 사업소득 총수입금액에 산입한다.

유형자산(부동산 임대업)과 재무제표

유형자산은 재화의 생산이나 용역의 제공, 타인에 대한 임대 또는 자체적으로 사용 목적으로 물리적 형태가 있고, 1년 이상 초과해 사용할 것이 예상되는 자산(장기간 효익을 제공하는 미래 용역잠재력을 지닌 자산)을 말한다. 이하에서는 이러한 자산에 대한 세무상 쟁점들을 따져보기로 한다.

1 기본 사례

K씨는 부동산 임대사업자로서 이번에 다음과 같이 주택을 취득했다. 물음에 답하면?

- 취득가액 : 3억 원
- 취득세 등 : 330만 원
- 채권 할인비용 등 : 70만 원
- 판매관리비 : 500만 원

Q1 유형자산의 취득원가는 얼마인가?

유형자산의 취득원가는 일반적으로 그 자산을 본래의 사용 목적에 사용하기까지 지출된 모든 비용을 말한다. 따라서 앞의 '주택취득가액+취득세 등+채권 할인비용 등'이 이에 해당된다. 금액으로 따져보면 3억 400만 원이 된다.

자산	부채
유형자산 3억 400만 원	자본 자본금 3억 400억 원
자산 계 3억 400만 원	부채와 자본 계 3억 400만 원

Q2 유형자산가액에 포함되지 않는 지출액은 어떻게 정리되는가?

K씨가 지출한 금액 중 판매관리비는 유형자산과 무관하다. 따라서 이 금액은 재무상태표에 반영되지 않고 손익계산서상의 판매관리비에 반영된다.

구분	금액	비고
매출		
매출원가		
매출총이익		

구분	금액	비고
판매일반관리비 인건비 등	500만 원	
영업이익		

Q3 앞의 유형자산을 3억 2,400만 원에 판매한 경우 양도차익은 얼마인가?

앞의 자료를 토대로 양도차익을 계산하면 다음과 같다.

구분	금액	비고
양도가액	3억 2,400만 원	
취득가액	3억 400만 원	양도가액에 대응되는 필요경비에 해당함.
양도차익	2,000만 원	

☞ 판매관리비는 양도차익을 계산할 때 반영되지 않는다. 이러한 점 때문에 양도소득이 아닌 사업소득으로 처리되는 것이 세금을 줄이는 방법이 된다.

2 핵심 포인트

유형자산과 관련된 세무회계상 쟁점들을 정리해보자.

첫째, 부동산업 중 유형자산을 보유하는 업종은 다음과 같이 정리된다.

구분	임대 목적	비고
주택	주택 임대업	상가겸용주택은 주택과 상가에 대해 각각 사업자등록을 해야 함.
상가	상가임대업	
토지	토지임대업	

둘째, 유형자산에 대한 세무회계 특징을 정리하면 다음과 같다.

• 유형자산은 판매 목적용 자산이 아니므로 처분 시 발생하는 처분손익은 영업외수익 또는 영업외비용으로 처리하는 것이 원칙이다. 다만, 세법은 이러한 처분손익을 인정하지 않으며, 처분이익에 대해서는 종합소득세가 아닌 양도세로 과세한다.

• 유형자산은 감가상각을 할 수 있다.

• 유형자산을 임대해 받는 임대료는 매출에 해당한다.

3 실전 연습

K씨는 다음과 같이 유형자산을 보유하고 있다. 물음에 답하면?

자산 유형자산(주택) 5억 원 유형자산(상가) 5억 원	부채 부채 3억 원
	자본 자본금 7억 원
자산 계 10억 원	부채와 자본 계 10억 원

Q1 K씨가 유형자산 중 상가를 6억 원에 양도하는 경우 손익계산서의 형태는? 올해의 임대수입은 5,000만 원, 판매관리비는 3,000만 원이다. 이외 종합소득공제금액은 1,000만 원이다.

임대용 부동산을 처분한 경우 처분손익은 영업외수익 또는 영업외비용에 반영되는 것이 원칙이다. 이러한 내용을 감안해 손익계산서를 작성하면 다음과 같다.

구분	임대	양도	계
매출액	5,000만 원		5,000만 원
– 매출원가			
= 매출총이익	5,000만 원		5,000만 원
– 판매일반관리비 인건비 등	3,000만 원		3,000만 원
= 영업이익	2,000만 원		2,000만 원
+ 영업외수익 유형자산처분이익		1억 원	1억 원*
– 영업외비용 이자비용			
= 소득세차감전순이익	2,000만 원	1억 원	1억 2,000만 원
– 소득세 등			
= 당기순이익	2,000만 원	1억 원	1억 2,000만 원

* 유형자산처분이익에 대해서는 총수입금액불산입한다. 이에 대한 자세한 내용은 다음에서 살펴본다.

Q2 K씨는 유형자산의 임대와 양도에 의해 발생된 소득에 대해 무슨 세금을 얼마나 내야 하는가? 단, 처분이익에 대해 6~45%를 적용해 양도세를 계산한다고 가정한다.

임대소득에 대해서는 종합소득세, 양도소득에 대해서는 양도세를 내야 한다. 이를 구분해 살펴보면 다음과 같다.

① 임대소득세

구분	금액	비고
당기순이익	1억 2,000만 원	
± 세무조정 유형자산처분이익 총수입금액불 산입	△1억 원	당기순이익에 반영된 처분이익 은 총수입금액불산입으로 세무 조정함.
= 소득금액	2,000만 원	
− 종합소득공제액	1,000만 원	
= 과세표준	1,000만 원	
× 세율	6%	
= 산출세액	60만 원	

② 양도세

유형자산처분이익 1억 원에 대해서는 양도세로 부과된다. 기본공제는 미반영해 계산하면 다음과 같다.

- 1억 원 × 35% − 1,544만 원(누진공제) = 1,956만 원

Q3 앞에서 유형자산처분이익이 손익계산서상에 표시되었는데, 왜 양도소득으로 별도로 과세되는가?

양도소득은 종합소득과 구분해 별도로 분류과세하기 위해서다. 이러한 이유로 세법은 종합소득세 계산 시 유형자산처분손익을 인정하지 않는다(이익은 총수입금액불산입, 손실은 필요경비불산입으로 세무조정을 함). 물론 여기서 유형자산은 양도세 과세대상이 되는 부동산을 말한다.

Q4 **K씨가 본인이 거주하고 있는 주택을 양도했다. 비과세를 받을 수 있는가?**

K씨가 보유한 주택이 1임대용주택과 1거주 주택 등 2주택이라면 양도세 비과세 판정 시 1세대 2주택자에 해당해 비과세를 받을 수 없는 것이 원칙이다. 임대용 주택은 거주자의 소유주택으로 보기 때문이다.

☞ 매매사업자의 거주 주택에 대한 비과세 적용법은 제9장을 참조하기 바란다.

※ 저자 주

주택은 재고자산 또는 유형자산으로 계상이 될 수 있는데, 이의 양도 시 전자는 사업소득, 후자는 양도소득으로 구분된다. 따라서 이 둘을 엄격히 구분하는 것이 필요한데, 이때 아래와 같은 방법 중 하나를 취하면 좋을 것으로 보인다.

첫째, 사업자등록으로 구분하는 방법이다.

매매업과 임대업은 별개의 업종이므로 매매업용은 매매사업자로, 임대용은 임대사업자로 등록하는 것을 말한다.

둘째, 보유기간이 1년 넘어가면 재고자산을 유형자산으로 재분류하는 방법이다.

재고자산은 취득일로부터 1년 내에 매매할 때 어울리는 항목이므로, 만일 1년 이상 보유 및 임대를 하는 경우에는 유형자산으로 계정과목을 재분류하는 것을 말한다. 다만, 이 방법은 향후 이를 양도 시 양도소득으로 신고를 해야 하므로 장부관리 등에서 어려움이 예상된다.

저자는 첫 번째 방법을 추천한다.

사업자의 부동산 거래와 재무제표의 변화

K사업자는 부동산을 다음과 같이 취득해 이를 매매하려고 한다. '취득 → 보유 → 양도'의 과정에 따라 재무제표가 어떻게 변화하는지 사례를 통해 알아보자.

자료

① 거래가액 : 1억 원
② 취득세 : 100만 원
③ 채권할인비용 : 50만 원
④ 중개수수료 : 100만 원
⑤ 등기수수료 : 50만 원
⑥ 장판교체비 : 100만 원

STEP 1 부동산의 취득 시 재무제표

부동산을 취득하면 그 취득가액은 재무상태표 자산항목으로, 당기비용은 손익계산서 비용항목으로 정리된다. 취득가액은 앞의 자료상의 ①부터 ⑤까지를 더해서 재무상태표상 재고자산으로, ⑥ 장판교체비는 손익계산서상의 수선비로 정리된다.

재무상태표		손익계산서	
재고자산 1억 300만 원	부채	매출액	
	자본	− 매출원가	
		= 매출총이익	
		− 판매관리비 수선비	100만 원
		= 당기순이익	

STEP 2 **부동산 보유(기말) 시 재무제표**

부동산 보유 시에는 추가로 지출이 있다면, 이에 대해서는 비용으로 처리하는 것이 원칙이다. 만일 재산세 50만 원을 냈다면 다음과 같이 비용이 추가된다.

재무상태표		손익계산서	
재고자산 1억 300만 원	부채	매출액	
	자본	− 매출원가	
		= 매출총이익	

		− 판매관리비
		  수선비
		  세금과공과
			100만 원
			50만 원

		= 당기순이익	

STEP 3 **부동산 매매 시 재무제표**

해당 부동산을 1억 2,000만 원에 매매한 경우에는 다음과 같이 재무제표가 변화한다.

재무상태표		손익계산서	
• 현금 1억 2,000만 원 • ~~재고자산~~ ~~1억 300만 원~~	부채	매출액	1억 2,000만 원
		− 매출원가	1억 300만 원
	자본	= 매출총이익	1,700만 원
		− 판매관리비	150만 원
		= 당기순이익	1,550만 원

☞ 세금은 앞의 당기순이익을 바탕으로 계산된다.

제 9 장

매매사업자의
거주 주택에 대한
비과세 적용법

매매사업자의 보유 주택 수와
세무상 쟁점들

매매사업자의 과세방식을 이해했다면 추가로 더 정리할 것이 있다. 그것은 바로 사업용 주택 외의 주택에 대한 과세판단이다. 이러한 주택의 성격에 따라 양도세 또는 종합소득세의 세목이 달라지고, 그에 따라 과세내용이 확 달라지기 때문이다. 이하에서 이와 관련된 내용들을 정리해보자.

1 매매사업자가 보유한 주택들

매매사업자는 다음과 같은 형식으로 주택을 보유할 수 있다.

- 본인이 거주하고 있는 주택
- 재고 주택을 거주용으로 전환한 주택

- 임대등록한 후 임대 중인 주택
- 미등록 상태에서 일시임대 중인 주택
- 공실 중에 있는 재고 주택
- 미분양된 주택
- 그 밖의 일반주택

2 매매사업자의 보유주택과 세무상 쟁점

실무에서 보면 매매사업자가 주택을 보유하는 동기는 아주 다양하다. 이러한 이유로 인해 이와 관련해 다양한 세무상 쟁점들이 발생하고 있다. 주요 내용만 정리하면 다음과 같다.

- 사업자의 거주 주택은 어떤 조건하에서 비과세가 적용되는가?
- 사업자의 거주 주택도 최종 1주택 비과세 보유기간이 재계산되는가?
- 재고 주택을 일시임대하면 해당 주택은 매매업용인가, 임대업용인가?
- 재고 주택을 거주 주택으로 전환하면 사업소득 처리는 어떻게 할까?
- 사업자등록 전에 보유한 주택을 재고 주택으로 처리할 수 있을까?
- 85㎡ 초과 주택을 양도소득으로 신고하면 이를 인정할까?

다음에서 앞의 내용들에 대해 순차적으로 분석해보자.

사업자의 거주 주택은
어떤 조건하에 비과세가
적용되는가?

매매사업자가 거주한 주택에 대해서는 양도세 비과세가 적용될 수 있다. 하지만 개인이 보유하고 있는 주택들이 사업용 주택인지 아닌지, 이를 구분하는 것이 쉽지가 않다. 이하에서 이에 대해 알아보자.

1 기본 사례

자료

- 서울 거주용 주택 1채
- 경기도 오산시 주택 1채
- 강원도 원주시 주택 2채(기준시가 3억 원 이하)

Q1 **서울 주택을 양도하면 비과세가 가능한가?**

아니다. 이 경우 주택 수가 총 4채가 되므로 비과세가 가능하지 않다.

Q2 **만일 서울 주택 외 모든 주택이 사업용 주택에 해당하면 서울 주택은 비과세가 가능한가?**

이론적으로 매매사업자의 재고 주택은 비과세 판단 시 주택 수에서 제외되므로 이 경우 1세대 1주택 비과세를 받을 수 있다.

Q3 **사업용 주택임은 어떻게 입증해야 하는가?**

이에 대해서는 답이 딱히 있는 것은 아니다. 다만, 사업자등록을 하고 장부를 작성하며 기타 판매활동을 위한 자료 등이 있다면 사업용 주택으로 인정받을 수 있다.

Q4 **매매사업자의 거주 주택은 어떤 조건하에서 비과세가 적용되는가?**

거주 주택에 대한 양도세 비과세를 받기 위해서는 기본적으로 '1세대 1주택(일시적 2주택 포함)'이 되어야 한다. 따라서 매매사업자가 이를 적용받기 위해서는 이를 제외한 주택이 모두 사업용으로 인정이 되어야 한다. 매매사업자가 보유한 주택은 거주자의 양도세 비과세를 판단할 때에는 주택 수에서 제외되기 때문이다.

☞ 그런데 문제는 개인이 보유한 주택이 사업용인지, 아닌지 이를 구분하는 것이 쉽지가 않다. 사실 판단의 문제이기 때문이다. 그래서 실무적으로는 사업자등록을 하고, 매년 종합소득세 신고의무를 이행하는 등의 조치를 취해두는 것이 좋을 것으로 보인다.

Q5 매매사업자의 거주 주택 비과세는 신고하지 않아도 되는가?

원래 거주 주택이 1세대 1주택 비과세 적용대상인 경우에는 원칙적으로 신고의무가 없는 것이나, 양도 당시 소유하던 매매업용 재고 주택임을 입증하라는 관할 세무서의 소명요구가 있을 것이므로, 매매업용 재고 주택임을 입증할 수 있는 서류(사업자등록증사본, 장부, 판매활동 등을 입증할 수 있는 서류 등)를 첨부해 비과세로 신고해야 한다.

2 매매사업자가 거주 주택 비과세를 안전하게 받기 위한 요령

부동산 매매사업자가 거주 주택에 대한 양도세 비과세를 안전하게 받기 위해서는 사업용 주택임을 입증해야 한다. 다음에서 다시 한번 정리를 해보기로 한다.

1) 대법원 판례 내용

양도인의 부동산 취득 및 보유 현황, 양도의 규모, 횟수, 태양, 상대방 등에 비추어 그 양도가 수익을 목적으로 하고 있는지 여부와 사업활동으로 볼 수 있을 정도의 계속성과 반복성이 있는지 등을 고려해 사회통념에 따라 판단해야 하고, 그 판단을 함에 있어서는 단지 당해 양도 부동산에 대한 것뿐만 아니라 양도인이 보유하는 부동산 전반에 걸쳐 당해 양도가 행해진 시기의 전후를 통한 모든 사정을 참작해야 하는 것이다(대법97누 17674, 1999. 9. 21).

2) 과세관청의 입장

사업소득인 부동산 매매업, 주택 신축판매업을 양도소득과 구별하는 기준으로는 다음과 같은 요소들이 고려될 수 있는 바, 다음의 요소들을 종합적으로 검토한 후 사회통념에 따라 사업성 유무의 판단을 하도록 하고 있다.

첫째, 양도인이 특정자산의 양도이전부터 수회에 걸쳐 동종의 자산 양도행위를 계속해서 반복해왔거나 그 자산의 양도가액이 다액이며, 자산매매의 상대방이 특정소수인이 아닌 불특정다수인이 고객인 경우

둘째, 자산의 소유 목적 보유상황 및 처분이유 등이 자산 자체에 대한 투자 목적이 아니고 단기간 매매차익의 획득을 위한 것이며 자산보유기간이 단기간인 경우

셋째, 양도인이 자산의 양도를 위해 업무수행 장소를 별도로 마련하거나 자산양도업무에 종사하는 직원 및 특별대리인이나 거래인을 고용하거나 위촉하고 자산양도를 위한 상업적 광고를 행한 경우

넷째, 양도자가 자산의 양도로부터 취득한 양도차익의 발생 원인이 우연한 외부 경제적 사정에 의한 것이 아니라 양도자산에 대한 개량·조성행위에 기인한 경우

☞ 시사점
결국, 자산의 양도행위가 간헐적이거나 1회적이고 자산의 취득 및 처분이유가 투자 목적이며 거래 상대방도 1인 또는 소수인 경우 또는 자산양도를 위한 광고를 하지 아니하고 업무수행을 위한 별도의 장소를 설치하지 아니한 경우 등에는 그 자산양도로 인한

소득은 양도소득에 해당할 수 있다(주의!).

※ 재산세과-1045, 2009. 12. 18

제목

소유주택으로 보는지 여부

요지

1세대 1주택 비과세 여부를 판정함에 있어서 부동산 매매업자 및 주택 신축판매업자의 판매용 재고 주택(미분양 상태에서 그 사업을 폐업한 후에 보유하고 있는 주택은 제외)은 소유주택으로 보지 아니하는 것이나, 임대주택(판매 목적으로 신축하였으나 판매되지 아니하여 일시적으로 임대하는 경우 제외)은 소유주택으로 봄.

매매사업자의 거주 주택도 최종 1주택 비과세 보유기간이 재계산되는가?

　거주 주택에 대한 비과세를 받을 때 놓쳐서는 안 될 제도가 2021년 1월 1일부터 적용되는 '최종 1주택에 대한 2년 보유기간 및 거주기간의 재계산'이다. 이는 다주택자들이 비과세를 쉽게 받지 못하도록 평소 다주택 보유기간을 제외하고 2년 보유기간 등을 산정하도록 하는 제도를 말한다. 다만, 이 제도는 2022년 5월 10일 이후 양도분부터 적용되지 않는다. 이러한 점에 유의해 이하의 내용을 살펴보자.

1 관련 규정

　소령 제155조 제5항에 다음과 같이 최종 1주택에 대한 보유기간 등에 대한 내용을 다루고 있다.

- 앞의 내용은 당초 비과세가 성립한 주택들은 제외하고 처분(양도, 증여, 용도변경을 말함)하고 남은 주택이 1주택이거나 일시적 2주택이 된 상태에서 비과세를 받고자 하는 경우 1주택이 남은 날로부터 2년 이상 보유 및 거주해야 비과세를 적용한다는 것을 말한다.

- 그런데 위의 규정 중 단서는 2022년 5월 10일 이후부터 적용되지 않는다. 매물을 출회시키기 위한 취지에서 그렇다. 따라서 이날 이후부터 양도하는 주택들은 이 제도가 적용되지 않는다. 이 제도의 폐지로 인해 다주택자들이 쉽게 비과세 혜택을 받을 수 있게 될 것으로 보인다. 저렴한 주택들을 처분한 후에 고가의 주택을 나중에 처분해 비과세를 받으면 되기 때문이다.

- 주택 매매사업자의 거주 주택도 양도세제도를 적용받기 때문에 위의 보유기간 리셋제도를 적용받아 왔으나, 2022년 5월 10일 이후부터는 이 제도가 적용되지 않으므로 훨씬 더 자유롭게 비과세 혜택을 누릴 수 있게 되었다. 다음의 사례를 통해 이에 대해 좀 더 알아보자.

2 적용 사례

사례를 통해 앞의 내용을 확인해보자(2023년 이후 기준).

- 사업용 주택 : 2채
- 거주 주택 : 2년 이상 거주

Q1 **위의 거주 주택을 바로 양도하면 비과세를 받을 수 있을까?**

사업용 주택 외 1주택만 있으므로 가능할 것으로 보인다. 이 경우 비과세 적용을 위한 보유기간과 거주기간*은 거주 주택 취득일부터 기산한다

* 일반규정은 2017년 8월 3일 이후 조정대상지역 취득분만 적용된다.

Q2 **최근 주거용 오피스텔을 하나 샀다가 바로 양도했다. 이때 양도 차손이 발생했다. 이 상태에서 거주 주택을 바로 양도하면 비과 세를 받을 수 있을까?**

아니다. 앞에서 본 소령 제154조 제5항이 적용되기 때문이다. 즉 사례처럼 주거용 오피스텔을 포함하면 2주택이 되는데, 이때 주거용 오피스텔을 먼저 양도했으니 이날 기준으로 거주 주택이 1채만 있고, 이날을 기준으로 2년 보유 및 거주를 다시 해야 한다. 단, 거주 주택 양도일이 2022년 5월 10일 이후인 경우에는 이 제도가 적용되지 않으므로 당초 취득일로부터 2년 이상 보유 등을 한 경우라면 비과세를 받을 수 있다.

Q3 거주 주택을 양도하기 위해 대체 주택을 취득했다. 이 경우 거주 주택을 바로 양도해 비과세를 받을 수 있을까(앞의 물음과 무관)?

일시적 2주택에 대한 비과세요건 등을 갖추면 비과세가 가능한다. 이때 보유기간과 거주기간은 거주 주택 취득일부터 기산한다.

Q4 거주 주택을 양도하기 위해 대체 주택을 취득했다. 그런데 이때 분양권을 하나 취득해 매매했다. 이 경우 거주 주택에 대한 비과세는 어떻게 해야 받을 수 있을까?

이 경우에는 다음과 같은 요건을 동시에 충족해야 한다.

- 대체 주택을 취득한 날로부터 3년(2023년 1월 12일 이후 기준) 내에 거주 주택을 양도할 것
- 분양권 양도일부터 2년 보유 및 거주할 것(2022년 5월 10일 전에 한함)

그러나 2022년 5월 10일 이후부터는 중도에 취득해 양도한 분양권과 무관하게 대체 주택을 취득한 날로부터 3년(2023년 1월 12일 이후 기준) 내에 종전 주택인 거주 주택을 양도하면 비과세를 받을 수 있게 된다. 이처럼 보유기간 리셋제도 폐지는 다주택자들의 재테크에 많은 도움을 줄 것으로 보인다.

※ 저자 주

부동산 매매업을 영위하면서 거주 주택에 대한 양도세 비과세를 받기가 상당히 곤란할 수 있다. 사업용 주택이 인정되는지의 여부가 관할 세무서의 담당자의 손에 의해 결정될 가능성이 높기 때문이다. 따라서 거주 주택을 양도하기 전에 반드시 이러한 문제를 점검해 불이익을 방지하는 것이 좋을 것으로 보인다.

85㎡ 초과 주택을
양도소득으로 신고하면
이를 인정할까?

매매사업자가 85㎡ 초과 주택을 매매하면 부가가치세가 발생할 수 있다. 물론 이를 임대한 후에 매매하면 여기에서 비켜나갈 수 있지만, 과세관청에 소명해야 할 가능성도 배제할 수 없다. 그래서 아예 이를 재고자산에서 제외해 사업소득이 아닌 양도소득으로 신고하는 경우가 많다. 그렇다면 이에 대해 과세관청은 어떻게 대응할까?

1 기본 사례

세종시에 거주하고 있는 K씨는 다음과 같은 주택을 보유하고 있다. 물음에 답하면?

- 사업용 주택 : 국민주택 규모 초과 주택

Q1 **이 주택을 양도하면 부가가치세가 발생하는가?**

사업자가 부동산을 사업적으로 공급하면 건물공급가액의 10% 상당액을 부가가치세로 부과하는 것이 원칙이다.

Q2 **이 주택을 임대한 후에 양도하면 부가가치세가 발생하는가?**

주택 임대료는 부가가치세가 면세된다. 세법은 이렇게 임대료가 면세된 용역에 부수되는 재화의 공급에 대해서도 부가가치세를 면제한다.

임대용역 제공 시	부동산 공급 시
면세	부가가치세 면세
과세	부가가치세 과세

※ **부가, 부가가치세과-90, 2010. 1. 22**

부가가치세법 제12조 제1항 제11호에 따라 부가가치세가 면제되는 주택 임대업을 영위하다가 당해 사업에 사용하던 국민주택 규모 초과 주택을 양도하는 경우에는 같은 법 제1조 제4항 및 같은 법 시행령 제3조 제3호에 따라 부가가치세가 면제되는 것임.

Q3 **이 주택을 종합소득세 신고 시 재고자산에서 제외해 개인으로 양도하면 부가가치세가 발생하지 않는가?**

해당 재산이 사업용인지, 아닌지의 여부는 일단 소유자의 판단이 중요하다. 따라서 이를 재고자산으로 보고하지 않고 개인용으로 양도한다고 해서 이를 사업용 주택으로 매각한 것으로 보아 부가가치세를 과세하는 것은 있어서는 안 될 것으로 보인다.

2 핵심 포인트

매매사업자들이 국민주택 규모 초과 주택에 대해 부가가치세를 없애기 위한 방법을 정리하면 다음과 같다.

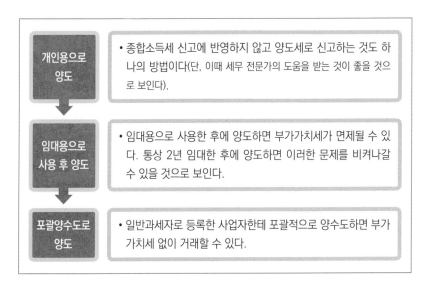

개인용으로 양도	• 종합소득세 신고에 반영하지 않고 양도세로 신고하는 것도 하나의 방법이다(단, 이때 세무 전문가의 도움을 받는 것이 좋을 것으로 보인다).
임대용으로 사용 후 양도	• 임대용으로 사용한 후에 양도하면 부가가치세가 면제될 수 있다. 통상 2년 임대한 후에 양도하면 이러한 문제를 비켜나갈 수 있을 것으로 보인다.
포괄양수도로 양도	• 일반과세자로 등록한 사업자한테 포괄적으로 양수도하면 부가가치세 없이 거래할 수 있다.

3 실전 사례

K씨는 다음과 같은 주택을 보유하고 있다. 물음에 답하면?

- 전용면적 40평대 아파트
- 건물공급가액 : 5억 원
- 토지공급가액 : 3억 원
- 위 공급가액에는 부가가치세가 불포함됨.

Q1 이 아파트를 사업자가 양도하면 부가가치세는 얼마인가?

건물공급가액의 10%인 5,000만 원이 부가가치세가 된다.

Q2 이 아파트를 얼마만큼 임대한 후에 양도해야 부가가치세가 발생하지 않는가?

이에 대해서는 법에서 정한 바가 없다. 따라서 사실 판단에 의해 이에 대한 과세문제가 발생할 수 있으므로 입증에 주의해야 할 것으로 보인다.

Q3 만일 아파트를 사업장으로 임대하면 부가가치세가 면제되는가?

아니다. 이 경우에는 일반임대사업자에 해당한다. 따라서 이 경우에는 이를 공급하면 부가가치세가 발생한다.

※ **부가가치세법 시행령 제41조**(주택과 이에 부수되는 토지의 임대 용역으로서 면세하는 것의 범위)

① 법 제26조 제1항 제12호에 따른 주택과 이에 부수되는 토지의 임대는 상시주거용(사업을 위한 주거용의 경우는 제외한다)으로 사용하는 건물(이하 '주택'이라 한다)과 이에 부수되는 토지로서 다음 각 호의 면적 중 넓은 면적을 초과하지 아니하는 토지의 임대로 하며, 이를 초과하는 부분은 토지의 임대로 본다.

※ 부가, 부가46015-1185, 1999. 4.22

주택 임대업을 영위하는 자가 상시 주거용으로 사용하는 건물(주택)을 법인사업자에게 임대하고 임차인인 당해 법인은 임원의 주거용으로 사용하는 경우에 당해 주택의 임대용역은 부가가치세법 제12조 제1항 제11호의 규정에 의하여 부가가치세가 면제되는 것임.

※ 저자 주

국민주택 규모 초과 주택은 이를 양도 시 부가가치세 문제가 있다. 따라서 이를 일정 기간 임대한 후에 양도하면 부가가치세 없이 처리할 수는 있으니 이때 '사업소득'이 아닌 '양도소득'으로 분류되어 적용되는 세목이 양도소득세가 될 수 있다. 이렇게 되면 다양한 세무상 쟁점이 발생할 수 있으므로 이러한 주택은 미리 재고 주택에서 제외하는 것을 생각해볼 수 있다

매매업을 폐지하거나
사업용 주택을 거주 주택으로
전환한 경우의 과세방식

주택 매매업을 폐지하거나 사업용으로 보유하고 있는 주택을 거주용
으로 전환한 경우가 있다. 이 경우 세무처리는 어떤 식으로 할 것인지
도 정리해둘 필요가 있다. 이하에서 이에 대해 알아보자.

1 기본 사례

K씨는 다음과 같이 주택을 보유하고 있다. 물음에 답하면?

> **자료**
>
> • 사업용 주택 : 2채
> • 거주용 주택 : 1채

Q1 K씨가 매매업을 폐업했다. 이 경우 사업용 주택을 양도하면 사업소득인가, 양도소득인가?

매매사업자등록을 폐지했으므로 더는 사업자가 아니다. 따라서 등록폐지 후 양도한 주택들은 기본적으로 양도소득에 해당할 것으로 보인다(단, 사실관계를 파악해 최종 소득종류를 결정해야 함에 유의해야 한다).

Q2 폐업한 상태에서 거주용 주택을 양도하면 비과세를 받을 수 있는가?

이 경우에는 3주택자에 해당해 양도세 비과세가 적용되지 않을 가능성이 크다.

☞ 주택 신축판매업자 또는 부동산 매매업자의 판매용 '재고 주택'은 주거용 주택으로 보지 아니하는 것이나, 자가공급하거나 폐업 시의 재고재화 등으로 거주 또는 보유하고 있는 주택은 주거용 주택으로 보아 '1세대 1주택' 여부를 판정하는 것이다(재일 01254-2002, 1992. 8. 7 ; 부동산-494, 2011. 6. 21 ; 재산-40, 2018. 7. 2).

2 핵심 포인트

주택 매매업 폐지는 언제든지 사업자등록을 반환함으로써 이루어진다. 이때 폐업 당시 보유하고 있는 주택들은 어떤 식으로 처리할지 정리해보자.

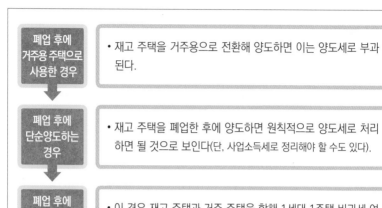

폐업 후에 거주용 주택으로 사용한 경우	• 재고 주택을 거주용으로 전환해 양도하면 이는 양도세로 부과된다.
폐업 후에 단순양도하는 경우	• 재고 주택을 폐업한 후에 양도하면 원칙적으로 양도세로 처리하면 될 것으로 보인다(단, 사업소득세로 정리해야 할 수도 있다).
폐업 후에 거주용 주택을 양도하는 경우	• 이 경우 재고 주택과 거주 주택을 합해 1세대 1주택 비과세 여부를 판단해야 한다.

※ 양도세 집행기준 94-0-1

사업자가 미분양된 주택을 자가소비하거나 임대 목적(판매되지 아니하여 일시임대하는 경우 제외)으로 사용한 후 해당 주택을 양도하는 경우에는 양도세가 과세된다.

※ 재산-3743, 2008. 11. 12

① 주택 신축판매업을 영위하던 사업자의 폐업 시 판매되지 아니한 재고자산(주택)은 폐업일이 속하는 연도의 총수입금액에 포함하지 아니하고 이를 처분하는 연도의 총수입금액에 산입하여 사업소득으로 과세하는 것이며, 사업자가 '폐업 시' 미분양된 주택을 가사용으로 소비하거나 임대 목적(판매되지 아니하여 일시임대하는 경우 제외)으로 사용한 후 당해 주택을 양도하는 경우에는 양도세가 과세되는 것이나, 귀 질의가 이에 해당하는지는 사실 판단할 사항이다.

※ 소득 46011-2507, 1999. 7. 2

② 주택 신축판매업을 영위하던 사업자가 폐업 시 판매되지 아니한 재고자산(주택)을 가사용으로 소비하는 경우에는 이를 소비하는 때의 가액에 상당하는 금액을 사업소득의 총수입금액에 산입하는 것이며, 재고자산(주택)을 임대 목적(판매되지 아니하여 일시임대하는 경우 제외)으로 사용한 후 당해 주택을 양도하는 경우에는 그 부동산 매매의 규모·거래횟수·반복성 등 거래에 관한 제반 사항을 종합적으로 판단하여 사업성의 인정 여부에 따라 '사업소득' 또는 '양도소득'으로 과세하는 것이다.

3 실전 연습

앞의 K씨가 폐업 후에 거주용 주택에 대해 비과세를 받기 위해서는 어떻게 해야 하는가?

- K씨가 보유한 주택 수는 총 3채가 된다.
- K씨가 1세대 1주택 비과세를 받기 위해서는 주택 수가 1채가 되어야 한다. 따라서 재고 주택을 먼저 처분해야 한다.
- 거주용 주택은 주택을 처분한 날로부터 2년 이상 보유한 후에 양도해야 한다. 최종 1주택에 대한 보유기간이 재계산되기 때문이다. 다만, 이 제도는 2022년 5월 10일 이후부터 폐지되었으므로 당초 취득일로부터 2년 이상 보유 등을 했다면 비과세가 적용된다.

부록

개인 대
매매사업자 대
법인의 선택

양도소득 대 종합소득 대
법인소득의 장단점 비교

부동산 매매는 매매사업자로 할 수도 있고, 법인사업자로 할 수도 있다. 물론 이와 무관하게 일반 개인이 부동산을 양도할 수도 있다. 이하에서는 사업자 유형에 따른 세제를 비교해보자.

1 세금계산구조의 비교

먼저 일반 개인과 매매사업자, 그리고 법인사업자가 내는 세금에 대한 계산구조를 비교해보자.

일반 개인	매매사업자	법인사업자
양도세	사업소득세	법인세
양도가액 - 취득가액 및 필요경비 = 양도차익 - 장기보유특별공제 = 소득금액 - 기본공제 = 과세표준 × 세율(70%, 60% 등) = 산출세액	수익 - 비용(대표자 인건비는 불인정) = 이익 ± 세무조정 = 소득금액 - 종합소득공제 = 과세표준 × 세율(6~45% + 비교과세) = 산출세액	수익 - 비용(대표자의 인건비는 인정) = 이익 ± 세무조정 = 소득금액 - 이월결손금 등 = 과세표준 × 세율(일반과세 + 추가과세) = 산출세액

이들의 세금 계산구조는 여러 곳에서 차이를 보이지만, 세율 측면에서 큰 차이가 난다. 이를 비교하면 다음과 같다.

보유기간	양도세	사업소득세	법인세
1년 미만	70%(토지는 50%)	6~45%	9~24% (단, 주택은 20%, 토지는 10% 추가법인세)
1~2년 미만	60%(토지는 40%)		
2년 이상	6~45%		
2주택 중과세	6~45%+20%p	비교과세 적용	
3주택 중과세	6~45%+30%p		
비사업용 토지	6~45%+10%p		

양도세는 원칙적으로 보유기간에 따라 세율이 결정된다. 하지만 사업소득세는 원칙적으로 보유기간과 관계없이 6~45%, 법인세도 보유기간과 관계없이 9~24%가 적용된다. 다만, 주택과 비사업용 토지(법인은 주택 추가)에 대해 매매사업자는 비교과세, 법인세은 추가과세제도가 적용된다.

2 양도소득이 유리한 경우

양도세는 개인이 일시적으로 사업 성격이 없이 매도하는 것을 말한다. 따라서 보유주택이 양도세 비과세를 적용받을 수 있다면 양도소득으로 분류되는 것이 좋다. 또한, 양도세가 나오는 상황으로써 세금이 얼마 나오지 않은 경우에도 양도세로 정리하면 좋다.

참고로 개인이 매매횟수가 많아지면 부동산 매매사업에 해당되는지를 검토할 필요가 있다. 원래 부동산 매매업을 영위하기 위해서는 원칙적으로 부동산 매매업으로 사업자등록을 하면 된다. 만일 사업자등록을 안 하는 경우에는 각 1과세기간(1. 1~6. 30, 7. 1~12. 31)에 1회 이상의 부동산을 취득하고, 2회 이상 판매하면 부동산 매매업으로 판단하기도 한다(단, 최근에는 이러한 기준 대신 실질 내용에 따라 이에 대한 판단을 한다).

3 사업소득이 유리한 경우

매매사업자등록을 낸 후 사업소득세로 세금을 정산하는 것이 유리한 상황은 대체로 다음과 같다.

1) 거주 주택을 양도하는 경우

예를 들어 매매사업용 주택이 몇 채가 있고 거주 주택이 1채가 있는 상태에서 거주 주택을 양도하는 경우 비과세가 가능하다. 사업용 주택과 거주 주택은 별개이기 때문이다. 다만, 실무적으로 사업용 주택과 개인용 주택은 엄격히 구분할 필요가 있으므로 회계장부 등으로 이를 깔끔히 정리할 필요가 있다.

2) 단기적으로 매매하는 경우

사업소득세는 보유기간과는 상관없이 6~45%의 세율이 적용되므로 단기매매를 자주 하는 경우 사업소득세가 유리하다. 다만, 양도세 중과세가 적용되고 있는 주택과 비사업용 토지는 비교과세제도가 적용되므로 매매사업자로서의 실익이 거의 없다. 따라서 중과세 대상이 아닌 부동산을 단기적으로 매매하는 경우에 매매사업을 적극적으로 검토하는 것이 좋다.

4 법인소득이 유리한 경우

1) 양도세 중과세 대상 부동산을 매매하는 경우

이 경우에는 매매사업자보다는 법인이 유리할 수 있다. 개인이 매매사업을 하면 40~70%인 양도세 중과세율이 적용될 수 있으나, 법인의 경우에는 기본세율 외에 10~20%를 추가하면 그만이기 때문이다.

2) 개인이 보유한 거주 주택 비과세를 확실히 받고자 하는 경우

법인이 보유한 주택과 확실히 구별되기 때문이다. 따라서 개인이 매매사업자등록을 가지고 있지만 매매업에 대한 사업성 판단이 힘들 것으로 예상되면, 차라리 법인을 세워 거주 주택을 매매하는 방식이 훨씬 더 나을 것으로 판단된다.

3) 기타 부의 안정적인 대물림이 필요한 경우

법인은 주식을 통해 부를 이전하는 것이 용이하다. 주식 소유를 통해 배당 등을 자유롭게 할 수 있기 때문이다.

주택 매매업의
개인 대 법인의 선택

매매업은 개인이 영위할 수 있고, 법인이 영위할 수도 있다. 그렇다면 개인과 법인 중 어떤 것을 선택해야 할까? 이하에서 이에 대한 대략적인 기준을 알아보자.

1 세율 적용 관련

부동산 매매업을 개인으로 할 것인지, 법인으로 할 것인지 이를 구분하는 주요 기준은 세율 적용과 관련이 있다. 사업자 형태에 따라 세율 차이가 발생하기 때문이다.

1) 양도세 중과세 대상이 아닌 경우

양도세 중과세 대상이 아닌 부동산을 사고팔면 다음과 같이 세율이 과세된다.

매매사업자	법인
6~45%	• 일반법인세 : 9~24% • 추가법인세 : 20%(토지는 10%) • 배당소득세 : 14% 계 : 43% 이상

중과세가 적용되지 않으면 개인은 6~45%가 적용되지만, 법인은 '일반법인세 + 추가법인세 + 배당소득세'가 43% 이상 부과되므로 일반적으로 매매사업자가 더 유리할 가능성이 크다.

2) 양도세 중과세 대상인 경우

양도세 중과세 대상인 부동산을 사고팔면 다음과 같이 세율이 과세된다.

매매사업자	법인
Max[6~45%, 6~45% + 10~30%p*] * 중과 부동산이 단기양도에 해당하는 경우 Max [단기양도세율, 중과세율]로 세율을 적용함.	• 일반법인세 : 9~24% • 추가법인세 : 20%(토지는 10%) • 배당소득세 : 14% 계 : 43% 이상

중과세가 적용되면 개인은 Max[50~70%, 16~75%]로 부과되나, 법인은 '일반법인세 + 추가법인세 + 배당소득세'가 43% 이상 부과될 수 있으므로 이 경우 법인이 다소 유리할 수 있다.

3) 적용 사례

사례를 통해 앞의 내용을 확인해보자.

- 주택 매매차익 1억 원(보유기간 6개월)

Q1 이 주택은 양도세 중과세가 관계가 없다. 이 경우 매매사업자와
법인의 세금 차이는?

구분	매매사업자	법인
매매차익	1억 원	1억 원
세율	35%, 누진공제 1,544만 원	• 일반법인세율 : 9% • 추가법인세율 : 20% • 배당소득세율 : 14%
산출세액	1,956만 원	4,300만 원

Q2 이 주택은 양도세 중과세가 관계가 있다. 이 경우 매매사업자와
법인의 세금 차이는? 단, 양도세 중과세율은 70%를 적용한다.

구분	매매사업자	법인
매매차익	1억 원	1억 원
세율	Max[6~45%, 70%] =[1,956만 원, 7,000만 원]	• 일반법인세율 : 9% • 추가법인세율 : 20% • 배당소득세율 : 14%
산출세액	7,000만 원	4,300만 원

Q3 앞의 결과를 해석하면?

양도세 중과세가 적용되지 않는 주택은 매매사업자가 다소 유리할 가능성이 크고, 중과세가 적용되는 주택은 법인이 다소 유리할 가능성이 큰 것을 알 수 있다.

2 거주용 주택 양도세 비과세 관련

거주용 주택을 양도할 때에는 비과세가 적용되는지 여부가 중요하다. 매매사업자와 법인사업자를 비교하면 다음과 같다.

구분	매매사업자	법인사업자
주택 수 계산	사업용 주택 제외	법인소유용 주택 제외
거주 주택 비과세	1세대 1주택 비과세 가능성 큼.	1세대 1주택 비과세 100% 가능

매매사업자의 경우 거주용 주택 외 사업용 주택에 대한 입증문제가 있어 거주용 주택에 대한 비과세 판단이 어려울 수 있으나, 법인사업자는 개인용과 법인용 주택이 확실히 구분되므로 거주용 주택에 대해 비과세를 받는 것이 매우 쉽다.

☞ 거주용 주택에 대한 비과세가 중요하다면 1인 부동산 법인으로 진행하는 것이 더 나을 수 있다. 참고로 근로소득이나 기타 사업소득이 많은 상태에서 부동산 매매소득이 많이 발생하면 합산과세의 문제가 있으므로 이 경우 소득세가 많아질 수 있다. 이러한 상황에서는 배우자의 명의로 부동산 매매사업자로 등록을 하거나 아니면 법인사업자로 운영하는 안을 고려해볼 수 있다.

TIP **부동산 매매업을 개인으로 할 것인지, 법인으로 할 것인지의 선택**

이를 위해서는 다음과 같은 점을 충분히 고려해 실익분석을 할 필요가 있다.

구분	매매사업자	법인사업자
취득세	유상주택거래 : 1~12%	12%
보유세	과세	과세
소득세, 법인세	• 주택 : 비교과세 • 비사업용 토지 : 비교과세	• 주택 · 비사업용 토지 : 일반과세 + 추가과세
부가가치세	85㎡(25.7평) 초과분 : 건물가격의 10%	좌동
거주 주택 비과세	1세대 1주택이더라도 비과세 받기가 힘들 수 있음.	1세대 1주택인 경우 100% 비과세

3

토지 매매업의
개인 대 법인의 선택

토지(주로 임야나 나대지를 말함)를 개인이 취득할 것인가, 법인이 취득할 것인가에 대한 의사결정을 내려 보자. 이러한 의사결정은 가처분소득이 가장 많이 발생하는 형태를 대안으로 선택하는 것이 좋다. 다음의 사례를 통해 이 부분을 확인해보자.

사례

K씨는 토지 투자를 생각하고 있다. 그는 개인이 취득해 양도하는 경우, 매매사업자를 내어 매매하는 경우, 법인으로 취득해 매매하는 경우 등 세 가지의 사업형태를 생각하고 있다. 다음 자료를 통해 양도 시 예상되는 세금을 알아보자.

- 지목 : 임야/나대지
- 양도가액 : 2억 원
- 취득가격 : 1억 원
- 보유기간 : 5개월
- 위 토지는 비사업용 토지에 해당한다.
- 이외에 사항은 무시하기로 한다.

1 개인이 일시적으로 양도하는 경우

개인이 비사업용 토지를 일시적으로 양도하는 경우 양도세는 다음과 같다.

구분	금액	비고
양도차익	1억 원	
− 장기보유특별공제	0원	
− 기본공제	250만 원	
= 과세표준	9,750만 원	
× 세율	50%	1년 미만 보유 시의 세율*
− 누진공제	0원	
= 산출세액	4,875만 원	

* 비사업용 토지를 단기양도하면 Max[단기양도세율, 중과세율(6~45%)+10%p]로 과세된다. 사례에서는 편의상 50%가 적용된다고 한다.

② 매매사업자가 매매하는 경우

개인이 부동산 매매업으로 사업자등록을 한 후 토지를 분할해 판매하면 원칙적으로 종합소득세가 과세된다. 따라서 토지를 단기적으로 매매하더라도 6~45%의 세율이 적용된다. 다만, 세법은 부동산 매매사업자가 조세 회피하는 것을 방지하기 위해 비사업용 토지 등을 매매하면 종합소득세와 양도세 중 많은 세액을 납부하도록 하고 있다.

구분	다음 중 많은 세액	
	종합소득세	양도세
양도차익	1억 원	1억 원
− 장기보유특별공제	−	0원
− 기본공제	−	250만 원
= 과세표준	1억 원	9,750만 원
× 세율	35%	50%
− 누진공제	1,544만 원	0원
= 산출세액	1,956만 원	4,875만 원

이렇게 둘 중 많은 세액으로 신고·납부하도록 하는 제도를 '비교과세'라고 한다. 따라서 비사업용 토지를 개인이 매매사업자등록을 해서 매매하는 것은 실익이 거의 없다.

◎ 개인이 토지를 분할 판매하는 경우 양도세로 신고해야 하는가? 종합소득세로 신고해야 하는가?

분할 판매가 세법상 사업행위에 해당하면 사업소득으로 신고해야 한다. 물론 앞에서 보듯이 비사업용 토지는 개인이나 사업자나 같은 세금이 나오지만, 종합소득세로 신고해야 할 것을 양도세로 신고하는 경우 가산세 등의 문제가 뒤따를 수 있다. 따라서 사전에 이러한 문제를 짚고 넘어가야 사후에 문제가 없다.

③ 법인이 매매하는 경우

법인이 토지를 분할해 판매하는 경우에는 전형적인 매매사업에 속한다. 그런데 이에 대해 법인세법은 법인의 이익에 9~24%를 적용한 법인세 외에 토지의 양도차익에 대해 10%(주택은 20%)의 법인세를 추가로 과세하고 있다. 따라서 다음과 같이 세금이 도출된다. 단, 본래 법인세를 계산할 때 일반관리비가 1억 원 발생한다고 가정하자.

구분	본래 법인세	추가 법인세	계
양도차익	1억 원	1억 원	
- 일반관리비	1억 원	0원	
= 과세표준	0원	1억 원	
× 세율	9~24%	10%	
- 누진공제	0원	0원	
= 산출세액	0원	1,000만 원	1,000만 원

법인이 매매사업을 영위하는 경우 본래 법인세는 비용을 추가하는 방법으로 발생 자체를 없애거나 줄일 수 있지만, 추가과세가 적용되는 경우에는 이러한 비용이 반영되지 않으므로 발생한 차익에 대해 1,000만 원 정도의 법인세를 부담해야 한다.

4 개인 대 매매사업자 대 법인의 세부담 비교

토지를 분할 판매하는 경우 사업형태에 따른 세금의 크기를 비교하면 다음과 같다.

구분	개인	매매사업자	법인
	양도세	종합소득세	법인세
산출세액	4,875만 원	4,875만 원	1,000만 원

일반적으로 비사업용 토지를 단기에 매매하는 경우 개인과 개인사업자는 동일한 세금이 나오며, 법인이 가장 적게 나온다. 따라서 분할 판매 시 법인형태로 사업을 하면 세금을 줄일 수 있다.

추가분석

만일 앞의 토지의 보유기간이 2년 이상이라면 앞의 결과는 바뀔까? 이 부분에 대해 분석해보자.

1 개인이 일시적으로 양도하는 경우

구분	금액	비고
양도차익	1억 원	
– 장기보유특별공제	0원	
– 기본공제	250만 원	
= 과세표준	9,750만 원	
× 세율	45%	2년 이상 보유 시의 중과세율 (35%+10%)
– 누진공제	1,544만 원	
= 산출세액	2,843만 5,000원	

2 매매사업자가 매매하는 경우

사업자가 비사업용 토지를 매매하면 종합소득세와 양도세 중 많은
세액을 납부해야 한다.

구분	다음 중 많은 세액	
	종합소득세	양도세
양도차익	1억 원	1억 원
- 장기보유특별공제		0원
- 기본공제		250만 원
= 과세표준	1억 원	9,750만 원
× 세율	35%	45%*
- 누진공제	1,544만 원	1,544만 원
= 산출세액	1,956만 원	2,843만 5,000원

* 비사업용 토지에 대한 중과세율임(35%+10%).

3 법인이 매매하는 경우

법인이 토지를 분할해 판매하는 경우에는 다음과 같은 세금이 도출
된다.

구분	본래 법인세	추가법인세	계
양도차익	1억 원	1억 원	
- 일반관리비	1억 원	0원	
= 과세표준	0원	1억 원	
× 세율	9~24%	10%	

구분	본래 법인세	추가법인세	계
- 누진공제	0원	0원	
= 산출세액	0원	1,000만 원	1,000만 원

법인이 매매사업을 영위하는 경우에는 1,000만 원 정도의 법인세부담이 예상된다.

4 개인 대 매매사업자 대 법인의 세부담 비교

비사업용 토지를 2년 이상 보유한 경우 개인 대 매매사업자 대 법인이 부담하는 세금을 비교하면 다음과 같다.

구분	개인	매매사업자	법인
	양도세	종합소득세	법인세
산출세액	2,843만 5,000원	2,843만 5,000원	1,000만 원

조건을 바꿔 분석하더라도 법인세가 가장 낮게 나옴을 알 수 있다.

부동산업에 대한 세율을 매매사업자와 법인사업자로 구분해 살펴보면 다음과 같다.

구분	매매사업자	법인사업자
주택 매매사업	6~45%(중과주택은 비교과세)	9~24%(주택은 20% 추가)
토지 매매사업	상동(토지는 비교과세)	상동(비사업용 토지는 10% 추가)
주택 신축판매업	상동	상동
상가 신축판매업 (부동산 매매업)	상동(토지는 비교과세)	상동(비사업용 토지는 10% 추가)
주택 임대사업	상동	상동

1. 주택

- 중과세가 적용되지 않으면 매매사업자가 유리하다.
- 중과세가 적용되면 차라리 법인이 낫다.
- 거주 주택 비과세를 확실히 받으려면 법인이 낫다.

2. 토지

- 중과세가 적용되지 않으면 매매사업자가 유리하다.
- 중과세가 적용되면 개인과 법인 중 유리한 것을 찾아야 한다(일반적으로 토지 중과세 적용 시 법인이 유리할 가능성이 높다).

3. 상가·오피스텔

- 중과세가 적용되지 않은 경우가 대부분이므로 매매사업자와 법인 중 유리한 것을 찾는다.
- 만약 상가나 오피스텔 부속 토지에 대해 비사업용 토지 중과세가 적용되는 경우에도 개인과 법인 중 유리한 것을 찾아야 한다(일반적으로 토지 중과세 적용 시 법인이 유리할 가능성이 높다).

(개정판)

신방수 세무사의

확 바뀐 부동산 매매사업자
세무 가이드북 실전 편

제1판 1쇄 2022년 4월 20일
제2판 4쇄 2024년 5월 23일

지은이 신방수
펴낸이 허연   **펴낸곳** 매경출판㈜
기획제작 ㈜두드림미디어
책임편집 배성분   **디자인** 노경녀 n1004n@hanmail.net
마케팅 김성현, 한동우, 구민지

매경출판㈜
등록 2003년 4월 24일(No. 2-3759)
주소 (04557) 서울특별시 중구 충무로 2(필동 1가) 매일경제 별관 2층 매경출판㈜
홈페이지 www.mkbook.co.kr
전화 02)333-3577
이메일 dodreamedia@naver.com(원고 투고 및 출판 관련 문의)
도서 내용 문의 02)554-6438
인쇄·제본 ㈜M-print 031)8071-0961
ISBN 979-11-6484-550-7(03320)

같이 읽으면 좋은 책들

거지였던 나는 상가 투자로
**거지였던 나는
상가 투자로
32억
건물주**가 되었다

부자 공식 설계도가 되어줄
공매 투자,
지금이 기회다

직장인도 따라 할 수 있는
별장펜션 창업

부동산 투자, 제대로 하려면 알아야 하리라
한 권으로 끝내는
토지 투자 성공공식

임장의 여왕이
알려주는
부동산 투자 전략

기초주택정비사업 A부터 Z까지
**'발칙한 발상'이
부동산 성공 투자를
부른다**
토지, 상가의 성공 투자법

기초주택정비사업 A부터 Z까지
미니
**재개발·재건축의
모든 것**

당신의 경제 맞춤구가 되어줄
이기는
**부동산 경매의
비밀**

종.부.세
핵폭탄 대비하는
완벽 솔루션

신방수 세무사의
이제 부동산 세금을 알아야
**주택 보유&
처분** 할 수 있는
시대다

투자 전, 꼭 알아야 하는
상가임대차법

Real Estate Auction
**부동산 경매,
초보에서
탈출하라**

무대책인 내 집 마련 문서들
초규제 시대,
부동산 투자의 정석

체계적 공인중개사의 부동산 투자 이야기
**돈이 되는 부동산
vs
돌이 되는 부동산**

신방수 세무사의
**양도
소득세
완전
분석**

사례로 풀어보는
지분경매
지분경매 해결 TWO 기둥
= 소송＋협상

신방수 세무사의
**부동산 거래 전에
자금출처**부터
준비하라!

**부동산 관리도
경영의 시대**

종합관리 실무 전문가와 부동산 학과 교수가 함께 쓴
**부동산 관리와
종합서비스**

신방수 세무사의
**상속분쟁 예방과
상속
증여**
절세 비법

新
공인중개사가 꼭 읽어야 하는 토지 중개 100년 100법
명품 토지
중개 실무
저자·공편
다양한 사례와 함께 살펴보는 실무 노하우

실패 없는 부동산 라이프의
돈 길 따라가는
부동산 투자
정보력과 실전 경험이 바탕이 된,
앞을 내다보는 부동산 기업을 전수한다

부동산 계약·증여·등기 전에 꼭 알아야 하는
부동산
세무
Real estate Tax Guide Book
가이드북
실전편
2019 개정세법 반영 완전개정판

개념부터 쉽게 배우는 부동산 필수 상식
돈 되는 부동산은
따로 있다
300채 집주인 배태랑 저자가 전하는
부동산 투자 비법

지식산업센터 투자 실전 편
부동산 투자,
아파트형
공장이
틈새다
월세 받고 시세차익 누리는 아파트형 공장 투자 비법
아파트형 공장 투자 노하우

2달 만에 월세 200만 원 받는
월세 부자
레시피
이제 담보도 부자가 될 수 있다!

직장인들도 쉽게 따라할 수 있는
新
부동산 공매
가이드북
김종성, 이신철, 주우철, 임석훈 지음
실전편

양도·증여·상속의 모든 것
기막힌
부동
산
절세
의
비밀
생활 속 세금 상식을 담은 절세 필독서

경공매·NPL 투자자의 자산가도 꼭 알아야 하는
부동산
매매임대사업자
Real estate Business Tax Guide Book
세무
가이드북
실전편

나는
부동산 투자로
파산자에서
100억 부자가
되었다

경쟁하기 싫은 경매 투자자들의 신세계
지분경매,
공유지분,
독점경매
남들과 경쟁하기 싫고, 혼자 전부 독식하고 싶다!

입찰에서 취득까지, 배당에서 명도까지 부동산 경매의 모든 것
이것이 진짜
성공 경매다

부동산 전문 아나운서의 재테크 실전법
결혼은 선택이지만
부동산
투자는
필수다

수익형 부동산 건축과 재테크 투자 비법
헌집 살래
새집 살래

부자 되는
주택
임대사업
이제 대세는 수익형 부동산이다
평생 돈 걱정 없이 사는 월세 부자 되기

돈 버는
공인중개사는
따로 있다

전세가를 알면
부동산 투자
가 보인다
사상 심리를 파악하면, 투자 흐름이 보인다!

서울시 공정경제과 주무관이 알려주는
부동산
거래와
판례

스타들의
부동산
재테크

지분 경매로
토지 개발업자 되기

가치 있는 콘텐츠와 사람
꿈꾸던 미래와 현재를 잇는 통로

DDM
dodreamedia

두드림미디어
경제·경영, 재테크, 자기계발, 실용서 전문 출판 임프린트

Tel. 02-333-3577
E-mail. dodreamedia@naver.com
https://cafe.naver.com/dodreamedia